브랜드 없는 삶

고명한 지음

브랜드 없는 삶
타인의 욕망에서 벗어날 용기

世利知
세이지

> 프롤로그

브랜드에 잠식된 세상에서 나를 꺼내는 법

 글을 쓰다 문득 학창 시절 같은 반 친구에게서 "넌 유행이나 브랜드는 관심도 없고 험블humble한 걸 자랑스럽게 생각하는 것 같아"라는 말을 들은 기억이 떠올라 혼자 웃은 적이 있다. 현재 50대인 나의 관점에서 어렸던 때의 그 말을 해석하기엔 무리가 있을 테지만, 그 시절 백화점 VIP 고객의 자녀였던 그 친구의 시각에선 브랜드를 따지지 않고 아무거나 몸에 걸치고 다니는 모습이 다소 추레하다고 여긴 것 같다. 그리고 별 볼 일 없는 옷차림을 하고도 거리낌 없이 돌아다니는 내 모습이 고까웠던 게 아닐까 하는 생각이 들었다.

 잊고 있던 기억과 함께 불현듯 떠오른 건 그런 말을 듣고도 그 시절의 나는 별다른 감정의 변화 없이 웃으며 그 말을 넘겼다는 사실이다.

자칫 무례할 수도 있는 그 말에 무심히 반응할 수 있었던 원천은 무엇이었을까. 그 시절 나를 떠올려 보니 소유한 물건의 이름값보다 내 가치에 대한 믿음과 자존감이 스스로를 지탱하게 한 힘이 아니었을까 싶다. 그리고 그러한 자존감을 심어준 건 가볍기 그지없는 허세와 허영보다 사람의 내면을 강조했던 부모님이었다는 걸 깨달을 수 있었다.

그런 생각 끝에 내린 결론은 브랜드에 집착하거나 그렇지 않거나의 관건은 결국 객체의 이름값이 문제가 아니라 세상과 타인, 무엇보다 자기 자신을 바라보는 태도와 자세에서 비롯된다는 것이었다. 소유한 물건의 이름값과 직업, 집안, 학력 등 세상이 열중하는 기준에 휩쓸리지 않고 살아간다는 건 마음에 넉넉한 공간이 있다는 의미이며 이러한 여유는 세상과 선선한 거리를 유지하면서도 평온을 느낄 수 있는 주체적 삶을 살게 해준다.

세상이 우리에게 던지는 화두는 지구에 존재하는 인간의 수만큼이나 다양하겠지만, 어떤 주제든 인간이 궁극적으로 도달해야 하는 곳은 돌고 돌아 자기다운 삶이라는 단일한 지점인 것이다. 우리는 늘 그곳을 찾기 위해 고민하고 방황하며 때로는 많은 돈과 시간을 쓰기도 한다.

"이 책이 선생님이 껍질을 깨고 나오는 좋은 계기가 되었으면 좋겠어요."

책 출간을 위해 처음 미팅을 한 날 에디터가 했던 말이다. 책 콘셉트에 관해 대화할 때만 해도 글 쓰는 일이 그리 어려울까 싶었는데, 빈 공간에 글을 한 줄 한 줄 채워나가기 시작하면서 조금씩 깨닫게 되었다. 아, 생각보다 깨야 할 껍질이 두껍구나.

여태껏 글을 쓰면서 늘 세상과 타인에 대해 따스하게 관조하는 자세와 시선을 유지하고자 했다. 나와 다른 시각을 가진 사람에게는 이해와 배려로, 갈등은 포용으로 접근하는 태도를 잃지 않으려 노력해 왔다. 나만의 생각을 일방적으로 주장해 본 적이 거의 없었다는 사실도 글을 쓰면서 새삼스레 깨달았다.

때로는 분명한 어조로 내 생각을 관철하고 현상에 대한 비판적인 접근도 필요한데, '좋은 게 좋은 것'이라는 마음으로 두루뭉술하게 50년을 살아온 내겐 낯선 일이었다. 제법 오랜 세월 동안 굳어져 있던 시선의 방향과 폭, 생각의 경직도와 예리함에 변화를 준다는 건 아주 소폭의 전환일지라도 쉬운 일이 아니었다. 결국 글을 쓰는 내내 타인의 생각을 바꾸기보다 나 자신의 껍질을 한 겹 한 겹 깨나간다는 생각으로 글을 썼다.

길고 지난한 탈피의 과정에도 계속 그 과정을 이어갈 수 있었던 건 자기검열에 엄격한 내가 글의 진정성에 대해 적어도 양심에 어긋날 일은 없겠다는 생각에서였다. 예전부터 지금까지 물건에 대한 강한 소유욕을 갖거나 특정 브랜드를 선망한 적은 없었으니 말이다. 유행에 민감해지고 획일화에 익숙해지는 중고등학생 시절, 트렌드의 주체가 되는 20~30대, 그리고 경제력이 생기며 유행하는 브랜드와 물건을 소유할 능력이 생기는 40대를 거쳐 50대가 된 지금까지의 나를 회상해 보니 유행과 명품, 욕망과 같은 단어는 내 삶에 영향을 준 적이 없었다.

혹자는 글을 읽으며 이런 질문을 던질지도 모르겠다.

"브랜드 없는 삶이라니, 그럼 당신 집에는 브랜드 있는 물건이 하나도 없다는 말인가요?"

그럴 리가. 오히려 내가 가진 물건 중 브랜드가 없는 것이 없다고 해야 하지 않을까. 로고가 대문짝만하게 박혀 있지 않을 뿐 세상의 모든 물건은 제조사의 브랜드가 새겨진 제품이니, 따지고 보면 나 역시 브랜드로 도배한 삶을 살고 있을 것이다. 책을 쓰면서 가진 것들을 하나씩 헤아려 보니 매일 입는 옷, 들고 다니는 가방과 사용하는 주방용품에 이르기까지 많이 알려진 브랜드 제품도 제법 갖고 있었다.

하지만 소유하고 있는 것들의 몇 퍼센트가 유명 브랜드 제품인지가 중요한 게 아니라, 나의 일상을 영위하고 나의 가치를 설명하는 데 있어 브랜드가 얼마만큼의 비중을 차지하느냐가 중요하다.

브랜드를 주제로 글을 쓰며 깨닫게 된 또 다른 중요한 사실이 있다. 가치에 따라 모든 개체의 가격을 산정하고 거래하는 자본주의 사회에서 브랜드란 단순히 유물론적인 관점에서 해석할 수 있는 관념이 아니라는 점이었다. 현대사회에서 가장 활발하게 오가는 거래는 물건이 아닌 사람이기 때문이다.

    오늘날 사람의 가치를 결정하는 건 소유한 물건이나 걸치고 있는 옷의 브랜드, 가격이 아닌 개인의 학벌, 집안, 직업과 같이 명함에 파놓은 구체적인 글자 몇 개와 연봉처럼 수치로 가늠할 수 있는 숫자가 되었다.

    일상에서도 우리는 누군가를 평가하는 데 있어 너무나 자주, 그리고 당연하게 이런 것을 보편적 기준으로 적용하고 있다. 그런 이유로 이 책에서는 브랜드를 단순히 물건에 국한하기보다 인간의 가치와 고유성 같은 무형의 것들마저 물적 자본처럼 다루는 왜곡된 시선에 관해 비중 있게 다루려 노력했다.

    흔히 페르소나라고 말하는, 사회가 요구하는 모습의 가면을 쓰고 고유성을 잃은 채 대중에 휩쓸리며 살아가는 현실을 현대사회의 문제로 자주 언급한다. 하지만 자기만의 고유한 모습과 가치관을 단단하게 구축한 사람이라면 어떤 가면이나 유행이든 유연하고 투명하게 받아들일 수 있고, 휩쓸리기보다 그것을 즐길 줄 알며 지금의 현상을 나름의 시선으로 해석함으로써 고유성의 상실이 아닌 삶을 더욱 풍성케

하는 결실을 맺을 수 있을 것이다.

이런 고민과 깨달음을 거듭한 1년 반 남짓의 글쓰기는 처음 느낀 날카로운 연장으로 단단한 껍질을 깨는 작업이 아니었다. 반대로 부드럽고 유연한 태도로 껍질 속에 숨어 있던 나를 꺼내어 다독여주고 그 위에 여러 겹의 껍질을 덧입혀 더 풍부하게 채우는 과정이었다.

나 스스로가 그랬던 것처럼 독자들도 책을 읽으며 날카롭고 예리한 비판의 시선보다 자신의 고유성을 따스하게 바라보는 시선을 찾길 바란다. 각박하고 복잡한 세상 속에서 자기다운 삶을 위해 고군분투하는 자신을 응원하고 다독일 수 있는 기회를 가졌으면 하는 마음이다.

사회 초년생이었던 20대 중반, 처음으로 명함을 만들고 누군가와 명함을 주고받는 경험을 하게 되었다. 내 이름과 회사 이름, 소속 부서와 직책까지 천편일률적이며 경직된 몇 개의 정보가 박힌 명함을 보며 어차피 주고받은 후 제대로 읽지도 않은 채 버려지게 될 재미없는 명함보다 자신의 고유한 모습을 보여줄 수 있는 몇 가지 글귀를 써넣은 명함을 만든다면 세상이 더 재미있을지 모르겠다고 생각했다.

철없고 감성적인 상상이라 지금 생각하면 웃음이 나오지만, 만약 새로 명함을 새긴다면 어떤 글귀를 써넣을까 나름 신중하게 고민했다. 단 몇 글자, 혹은 작은 일러스트를 넣은 명함으로 나라는 사람이 어떤 사람이며 어떤 가치관을 가졌는지 알릴 수 있어야 하기 때문이다. 지금 생각해 보면 작은 명함에 무엇을 채울지 끊임없이 고민하며 살아가는 것이 자신을 가치 있는 1인 브랜드로 만들어가는 과정인 듯하다.

세상의 브랜드에 잠식된 나를 꺼내보자. 우리는 모두 유일한 1인 브랜드로서 자기다운 삶을 만들고 즐기고 누릴 수 있는 자격과 이유를 가지고 살아간다. 이제 막 지천명에 도달해 깊이와 향기를 품은 인생 후반전을 꿈꾸는 나를 비롯해 의미 있고 개성 넘치는 1인 브랜드로 살아가기 위해 노력하는 세상의 모든 이에게 응원을 보낸다. 그리고 생각지도 못하게 작가라는 정체성을 부여받고, 지금까지 다양한 고민과 사고를 하며 성숙할 기회를 갖게 해준 이한나 에디터께 감사의 말씀을 전한다.

고명한

차례

프롤로그 | 브랜드에 잠식된 세상에서 나를 꺼내는 법 • 5

1장

브랜드, 타인의 욕망을 세련되게 욕망하도록 • 17

"지금 사는 게 이익이에요", 정말일까? • 35

클래식과 명품은 같은 말일까 • 46

우리 삶에서 외모 이야기가 사라진다면 • 57

관계를 가르는 브랜드 • 71

내 자식의 브랜딩 • 83

2장

소외되지 않기 위한 강박 • 100

타인의 욕망을 더 강렬하게 욕망하도록 • 111

옷으로 경쟁하고 차로 이겨서 행복하다면 • 121

느슨한 금욕주의 • 131

내게 B학점을 요구한 학생 • 141

3장

숲을 거니는 사람과 숲의 나무를 베는 사람 ● 155

미니멀리즘을 위한 소비 ● 168

아버지의 유품 ● 184

아직도 타인의 시선에 갇혀 산다면 ● 199

상실을 받아들일 용기 ● 209

에필로그 | 나라는 시행착오를 견뎌낼 힘 ● 222

참고문헌 ● 228

1장

브랜드, 타인의 욕망을
세련되게 욕망하도록

문화가 발달하면
훈장 같은 명예의 상징을
몸에 붙이는 습관이 등장한다.

◆

『유한계급론』, 소스타인 베블런

예전에 자동차에 관한 해외 프로그램을 시청하면서 웃었던 기억이 있다. 두 명의 배우가 출연해 람보르기니와 아우디를 비교하는 내용이었다.

그들은 두 차종을 직접 시승하며 면밀하게 기능과 승차감을 살핀 후, 람보르기니에 비해 아우디가 얼마나 기능적으로 훌륭한지를 극찬했다. 한참 동안 모든 면에서 압도적인 아우디의 성능을 늘어놓은 후, 정작 최종 선택을 할 때는 두 명 다 람보르기니를 택한 게 반전 포인트였다. 선택의 이유는 단 한마디로 정리되었다.

"그래도 람보르기니잖아요."

얼마 전 18년 동안 탔던 우리 집 낡은 승용차를 교체할 때 나는 지인들에게 후보로 올리고 있는 두 가지 자동차 중 어떤 것이 나은지를 물어보았다. 답변한 이들 대부분은 좀 더 가격대가 높은 차를 추천했다. 사실 연비나 기능 측면에서는 다른 차가 더 우수하다는 것이 공인된 사실이었지만 그들의 추천 이유 또한 비슷했다. 승차감보다 하차감이 중요하다는 것이다.

처음 하차감이라는 단어를 들었을 때는 무슨 뜻인지 이해하지 못했다. 하지만 얼마 지나지 않아 기능적인 우수성으로 실감되는 승차감보다 차에서 내렸을 때 뭇사람들의 시선을 끄는 그 순간의 기분이 중요하다는 의미라는 걸 깨닫고 난 후 실소를 터뜨릴 수밖에 없었다. 아찔하고 화려한 디자인을 우선시한 하이힐은 결국 몇 번 신지도 못하고 버리게 된다. 그런데 내 발과도 같은 자동차에서 그 잠깐의 겉멋이 뭐가 그리 중요하다고.

이런 사례는 브랜드가 가진, 실용적인 측면에서는 도저히 논리적으로 설명하기 힘든 기묘하고도 모순적인 측면을 드러내는 예일 뿐이다. 품목별 기능과 가성비를 꼼꼼히 비교하며 제품을 추천하는 리뷰를 보면 그렇게도 기능이 가장 중요하다고 강조하면서도 정작 마지막 순간에 기꺼이 지갑을 열게 하는 건 누구나 선망하는 브랜드 제품이라니. 이쯤 되면 선택의 답은 돌고 돌아 결국 정해져 있는 걸까.

결국 이는 인간의 본능적 욕구와 연결된다. 모든 인간의 마음에는 금전이나 재물을 탐하는 물욕과 타인에게 추앙받기를 원하는 명예욕, 그리고 그 명예를 바탕으로 영향력을 행사하고 싶어 하는 권력욕과 같은 세속적 욕구가 기저에 깔려 있다.

이런 욕구는 톱니바퀴처럼 다른 감정과 촘촘하게 맞물려 돌아간다. 과시하기 좋은 물건을 탐하는 물욕은 근본적으로 타인에게 인정받고 싶은 명예욕에서 비롯되고, 명예욕은 자신의 힘과 능력을 과시하고 싶은 권력욕으로 뻗어나가기 때문이다. 그중 가장 쉽게 얻을 수 있고 획득이 수월한 만큼 포기와 절제도 어려운 저차원적인 욕구가 물욕이다.

우리의 삶이 브랜드로 정의되는 시대

멋진 편집숍에 들어가 넉넉한 간격으로 옷이 걸린 옷걸이에서 편해 보이는 검은색 티셔츠를 하나 꺼내본다. 무난한

색상에 브랜드 로고가 박힌 티셔츠의 가격은 숫자 0이 하나 더 붙은 게 아닌지 의심스럽다.

가격을 확인한 순간에는 아마 대부분 '로고에 보석이 박힌 것도 아니요, 실크 원단도 아닌 면 티셔츠가 왜 이렇게 비쌀까'라는 의구심을 가질 것이다. 하지만 비싼 가격에는 디자이너의 수많은 고민과 꼼꼼하고 빈틈없는 제작 공정이 있을 거라며 스스로를 애써 납득시킨다. 무엇보다 그 티셔츠를 입으면 남들 눈에 내가 감각 있고 세련된 사람으로 보일 것이라 확신한다.

흔한 줄무늬 티셔츠에 독특한 브랜드 로고를 새기거나 비교적 만만한 가격대의 스니커즈가 명품 디자이너와 컬래버레이션을 하면 가격은 열 배 이상이 뛰지만, 뭔가 다를 거라는 추론을 내리고 특별한 이미지를 부여한다. 그렇다고 티셔츠의 질이 달라지거나 신발의 소재가 달라지는 것도 아닌데 말이다. 그리고 그것을 착용한 자기 자신도 타인에게 더 멋지고 더 세련된 이미지로 보이기를 기대한다.

하지만 꼭 있어야 하는 기본템이라길래, 대대로 물려줄 수 있는 타임리스 브랜드라길래 큰맘 먹고 구매한 고가의 가방은 어쩐지 에코백보다 더 빨리 구식이 되는 느낌이다. 아끼고 모시며 잘 쓰지도 못하다가 어느 순간에는 버리지도 못하는 고가의 짐으로 전락한다.

브랜드는 욕망의 파이프라인이다. 모든 이의 내면에 잠자고 있는 욕망과 허상을 깨우고 아름답게 그러모아 소비자가 찾던 제품으로 각인시키는 고급 마케팅 기법이기도 하다. 그렇게 성공한 브랜드는 명품이 되어 사람들을 줄 세우고 안달나게 만든다.

많은 사람이 브랜드를 선호한다. 비싸기는 하지만 사고 보니 브랜드 제품이 좋았다는 경험 때문일 수도 있고, 비싼 건 다 나름의 이유가 있다는 생각 때문일 수도 있다. 그렇게 그들의 브랜드에 나의 소비 판단을 의탁한다. 몸값 비싼 연예인을 모델로 써서 광고를 할 정도면 저 제품을 얼마나 신경 써서 잘 만들었을까 싶은 생각에 비싼 값도 납득이 된다.

볼펜부터 다이어리, 운동화, 시계, 영양제, 학습지, 자동차, 백화점, 호텔, 아파트, 병원까지 모든 소비 활동에 브랜드는 강력한 힘을 발휘하며 이제 소비의 경험은 브랜드로 언급된다.

특히 소비자와 정보 비대칭적인 관계에 있는 브랜드는 더 큰 힘을 발휘한다. 보통 사람들은 차이를 구별하기 힘든 음료나 영양제, 정수기, 금융상품 등은 연예인이나 유명인들이 광고해야 아이러니하게도 신뢰도가 높아진다. 유명인이 치료받았다는 병원에도 환자들이 몰린다.

이제 중저가 제품도 품질보다는 브랜딩이 먼저다. 담백한 로고와 인상적인 브랜드 이름, 세련된 상세 페이지를 보면 분야의 명장이 만든 것 같고 좋은 가격대에 합리적인 소비를 할 수 있겠다는 생각에 소비자의 마음이 너그러워진다.

소비 그 이상의 소비를 위해

그러다 소유와 소비의 대상이 점점 필수품에서 사치품으로 옮겨가며 필요와 불필요의 경계는 모호해졌다. 수십 개의 브랜드가 시장에 뛰어드는 치약이나 세제 같은 생필품도 소비자에게 이름이 각인되는 극소수만이 살아남는 시대로 전환되면서 브랜드의 의미는 사전적인 의미와 달리 '대중에게 확실히 알려진 성공한 상표 또는 기업'으로 그 의미가 받아들여지고 있다. 요즘에는 무언가를 구매할 때 해당 품목에서 가장 먼저 떠올리는 이름, 어찌 보면 '네임드^{Named}'와 유사한 의미로 브랜드를 인식한다.

대중의 소득 수준이 높아지고 소비 습관이 합리와 실용에서 사치와 잉여로 전환되면서 백화점 1층 매장을 점령하고 있는 명품 브랜드의 소유도 어느 선까지는 가능하게 되었다. 절약이 미덕인 시절이 끝나가고 과잉 소비를 칭송하는 시대 흐름은 인간에게 선험적으로 내재되어 있는 인정 욕구와 절묘하게 맞물려, 고가의 명품 브랜드 로고가 박힌 물건을 소유하는 것만으로도 개인의 경제력과 능력을 자랑할 수 있는 양 그 의미가 왜곡되고 있다.

이제 브랜드는 타인에게 인정받고 추앙받기를 원하는 인간의 기본 욕구를 자극한다. 인정받기까지 오랜 시간이 걸리는 추상적이고 내면적인 진가보다 눈에 들어오는 외형적 모습만으로 상대를 단편적으로 평가 내리는 인간의 세속성과 단순성을 빠르게 자극할 수 있는 강력한 수단이 되었다. 애초에 브랜드의 태생 자체가 선명한 이미지와 기호, 직관적인 관념으로 많은 것을 설명해주기에 가능한 일이다.

경제가 무서운 속도로 발전하고 양적 팽창이 가속화되면서 과시용 소비에 불씨가 번져 활활 타오르기 시작했다. 대중은 유행에 보다 민감해졌고 그 흐름을 대표하는 아이콘과 모델, 뮤즈가 등장했다. 선망의 브랜드를, 그에 가장 부합하는 이미지를 가진 모델이 입고 활동하는 것이야말로 대중의 과시욕과 인정 욕구를 건드릴 수 있는 가장 확실한 방법이었다. 그들이 입고 쓰고 바르고 들고 다니며 자연스럽게 노출시키는 브랜드의 이름과 로고는 대중에게는 선망을 넘어 열망의 대상이 되었고, 그들과 똑같은 것을 소유함으로써 그들처럼 추앙받을 자격을 가진 사람으로 인정받으려는 개인의 욕구도 끓어올랐다.

이제 소비를 선도하는 주체는 유명인에서 우리와 다르지 않은 일반인으로 전이되었다. 영상과 사진 몇 장으로 자신을 드러낼 수 있는 유튜브나 인스타그램 덕분에 일반인들도 자신이 소유한 물건과 라이프스타일을 불특정 다수에게 과시할 수 있는 강력한 매체가 생겼기 때문이다. 그리고 유명세를 타게 된 인플루언서의 스타일과 생활 속 '찐템'들은 연예인을 내세운 홍보보다 훨씬 더 빠르고 강한 파급력을 갖게 되었다.

타인의 욕망을 넘어선 브랜드 욕망

사실 소셜네트워크의 영상을 시청하다 보면 패션이든 뷰티든 라이프스타일이든 인플루언서들이 추천하는 브랜드와 그들이 설명하는 유행의 경향은 비슷비슷하다. 우연히 보게 된 패션 유튜버의 한마디는 유행의 현주소가 무엇인지를 확실하게 대변하고 있었다.

"이 운동화는 글로벌 아이돌 OOO이 신은 모습이 엄청난 화제를 불러일으켰는데, 한동안 유행이 계속될 겁니다. 살 수 있을 때 하나쯤 장만하는 게 좋습니다."

마치 유행과 브랜드의 흐름에 따르지 않으면 시대에 뒤떨어진 사람이 되는 것처럼 강조하는 영상을 시청하다 보면 비록 현재의 흐름이 나의 가치관이나 스타일에 전혀 어울리지 않아도 타인에게 무시당하지 않기 위해 그 흐름을 따라야 한다는 강박에 빠질 수도 있겠구나 싶다.

소통의 플랫폼은 전 세계인이 동시에 공유할 수 있을 만큼 빠르고 거대해졌고, 유행에 편승하는 사람들의 수는 플랫폼의 규모만큼 많아졌으며, 브랜드의 진입장벽은 플랫폼의 이용자 수가 증가할수록 낮아졌다. 모든 사람이 한목소리로 '다양하고 고유한 개성의 표출'을 외치고 있지만 오히려 인플루언서와 연예인, 유튜버가 동시다발적이며 천편일률적으로 강조하는 소수 브랜드만을 열망하며 획일화에 동참하는 사람들만 많아지는 기이한 결과는 무척 아이러니하다.

이렇게 특정한 영역을 열망하고 좇는 획일화 현상은 비단 물건에 한정된 게 아니다.

어떤 물품의 상표나 로고 정도로 인식되었던 브랜드는 점차 유형의 것에서 무형의 것으로 그 의미가 확장되고 있다. 자본주의 사회에서는 우리가 사고파는 것이 물건에 국한되지 않고 개인의 능력과 지식, 직업과 학력, 외모와 몸으로까지 확대되기 때문이다. 사고파는 거래가 가능한 모든 것은 이제 하나의 브랜드로 취급받는다고 해도 과언이 아니다.

타인에게 건네는 명함에 써넣은 직업과 직장의 이름도 개인을 과시할 수 있는 하나의 브랜드가 되었고, 가족의 직업 심지어 나와 어울리는 친구의 직업과 학력까지도 타인이 나를 가늠할 수 있는 척도로 작용하는 무형의 브랜드나 다름없다. 그저 손으로 만지고 사용할 수 있는 유형이냐, 형체가 없는 무형이냐의 차이일 뿐이다.

무형의 브랜드 안에서도 전문직, 대기업, 어느 동네의 거주자, 어느 대학의 졸업자처럼 맹목적이고 획일적으로 좇는 선망의 대상이 늘 존재하며 시대에 따라 달라지는 유행처럼 소멸과 생성을 거듭한다는 점에서는 다를 것이 전혀 없다.

이제 현대사회에서 브랜드는 단순히 어떠한 상품의 이름과 이미지를 나타내는 기호나 대중에게 많이 알려진 유명 상표가 아니다. 자기과시와 인정 욕구 충족을 위한 수단으로 그 의미가 새롭게 재생산되고 있다. 유형이든 무형이든 브랜드가 나이며 내가 곧 브랜드가 된 세상에서 자크 라캉의 말처럼 '타인의 욕망을 욕망하는' 것을 넘어 브랜드 자체를 욕망하는 시대를 살아가는 것이 현실이다.

헨리 데이빗 소로처럼 숲속에 통나무집을 지어 살며 모든 소통을 끊고 살지 않는 이상 점점 거대해지는 자본주의 시장 논리 속에서는 누구도 브랜드로부터 자유로울 수는 없다. 하지만 인간이라는 복잡한 가치관과 사유체계를 가진 존재를 브랜드와 같은 하나의 이미지에 가두는 것이 우리의 존재 이유에 부합하는지는 고민하고 반성해 볼 일이다. 우리들의 많은 시간과 재화, 지성과 사유가 브랜드로 대표되는 타인의 욕망에 낭비되고 있기 때문이다.

브랜드에 둘러싸인 외롭고 소외된 사람

기업은 브랜딩을 통해 시장 우위를 확보해 분야의 지배적 위치를 선점하기 위해 노력하며 새로운 경쟁자의 시장 진입을 막는다. 로버트 세틀과 패멀라 알렉이 쓴 『소비의 심리학』에서 말하듯 브랜드는 이제 효용성을 넘어 소비자의 심안에 비친, 하지만 소비자 스스로가 창조해 낸 이미지라는 상징성을 획득했다. 그리고 그 이미지는 단순한 상품의 이미지가 아닌 소유주인 주체를 설명하는, 아니 어쩌면 주체 스스로가 잠식되길 열망하는 대상이라 할 만큼 막강한 파워를 지니게 되었다.

하지만 사람마다 브랜드 제품을 소비할 수 있는 경제적 여력이 다르기에 자신이 욕망하는 모든 것을 소유한다는 건 불가능한 일이다. 그렇기에 우리는 다른 방법을 찾는다. 직접 소유하지 못하지만 브랜드에 친숙하며 브랜드에 관해 다양한 지식을 갖고 있음을 보여주는 것만으로 타인에게 브랜드를 소유한 만큼의 가치 있는 사람으로 보여질 거라는 믿음 말이다.

소셜네트워크에는 다양한 브랜드에 대한 해박한 지식을 장황하게 풀어놓는 글을 심심치 않게 볼 수 있다. 명품 브랜드의 역사와 디자이너 브랜드의 흐름, 와인의 품종이나 식재료의 원산지, 대중음악과 영화 등 사물에서 문화 콘텐츠에 이르기까지 그 대상은 무척이나 다양하다. 하지만 내용을 세심히 살펴보면 최고급 브랜드, 이름이 알려진 건축가나 영화감독, 음악에 대한 세부적이고 꼼꼼한 평가는 일견 냉정한 듯 보이지만 결국에는 관대하게 마무리 된다.

반대로 획일화와 군중심리에서 벗어나기 위해 대중에게 널리 알려진 브랜드는 평가 절하하고, 희소성 있는 브랜드에는 차별화된 평가를 늘어놓는 경향도 있다. 팔로워들은 그런 장광설에 '좋아요'로 화답하거나 글쓴이의 해박한 평가에 공감하고 칭찬하는 댓글을 쓴다. 그런 반응은 글쓴이로 하여금 자신이 언급한 그 모든 사물과 문화 콘텐츠를 향유하고 섭렵할 수 있는 사람, 그래서 그 브랜드만큼이나 가치 있고 대단한 사람으로 스스로를 믿게끔 한다.

브랜드를 통한 과시욕은 모든 인간에게 선험적으로 존재해 온 '인정에 대한 욕구'에서 비롯된다. 시장경제 체제에 잠식되면서 상품은 기능성과 실용성으로 판단되는 사용 가치가 아닌, 얼마나 비싼 가격에 팔리느냐로 판단되는 교환 가치로 그 가치가 결정된다. 그것이 확장되고 왜곡되면서 사람의 가치를 평가하는 기준마저 타인의 인정과 호감에 의존하는 경우가 종종 나타나는데, 독일의 심리학자 에리히 프롬은 『사랑의 기술』에서 이러한 유형을 '시장지향적 성격'이라 표현했다.

타인에게 인정받고 싶은 욕구는 인간의 근본적 욕구 중에서도 상위 욕구에 속한다. 우리는 사회적 동물이기에 늘 타인과 사회의 기대에 부응하기 위해 노력하며, 때로는 자신이 속한 사회에 적응하기 위한 가면을 써야 한다. 이는 어찌 보면 필수 불가결한 부분이다.

문제는 시장지향적인 인간성이 팽배해질수록 인정의 궁극적 목적인 내적 성찰과 자아실현은 점차 도외시되고, 겉으로 보이는 부분에 대한 치장에 열중하며 표피만 비대해진다는 점이다.

자신과 타인을 단순한 상품으로 전락시키고 자아가 상실된다는 사실을 인지하지 못한 채 몰개성에 잠식당하는 것은 허무하고 마음 헛헛해지는 일이다.

열망하던 브랜드에 둘러싸여 외견상으로는 모두에게 인정받고 칭송받으며 인간관계 또한 확장된 듯 보이지만, 철학자 에리히 프롬은 시장지향적 성격이야말로 현대 문화의 폐단이며 가장 외롭고 소외된 유형이라 평가한다. 타인으로부터 긍정적인 평가를 받고 싶어 하고 버림받는 것을 두려워하는 심리에서 비롯되었지만 오히려 타인으로부터, 궁극적으로는 자기 고유의 내면으로부터 멀어지는 아이러니한 결과를 초래하게 되는 것이다.

어쩌면 브랜드는 그저 착시 효과를 불러일으키는 허상일지도 모른다. 진정 가치 있는 사람으로 남에게, 또한 가장 중요하게는 나에게 인정받기 위해서는 가방에 브랜드 로고 하나를 새겨 넣는 것보다 내 가방에 어떤 가치 있는 것을 담을지에 집중해야 한다.

물론 한국처럼 인구밀도가 높고 끊임없이 사람들과 부대끼는 환경에서 살다 보면 쉬운 일은 아니다. 미국의 사회학자 소스타인 베블런은 『유한계급론』에서 도시에 사는 사람들이 농촌 가정보다 체면을 유지하기 위한 소비의 필요성과 효용이 크기 때문에 과시적 소비의 경향이 두드러진다고 말한다. 도시에서는 체면을 유지하기 위한 지출이 더욱더 늘어난다.

하지만 소비로 나를 증명하기보다 누가 나를 알아주지 않아도 내 삶에 더 집중해야 할 때다. 남에게 드러나는 외면의 화려함과 함께 초라해지기 전에 말이다.

"지금 사는 게 이익이에요", 정말일까?

그들의 감각은 확장되고 보고 느끼는 능력이 한없이 열려,
눈부신 행복이 그들의 사소한 행동 하나하나에 끼어들고
걸음걸이에 흥을 돋우며 삶에 스며들었다.

◆

『사물들』, 조르주 페렉

나는 신혼 때부터 결혼기념일이 되면 웨지우드의 와일드 스트로베리 찻잔과 접시를 하나씩 구입하곤 했다. 와일드 스트로베리는 유명 도자기 브랜드인 웨지우드를 대표하는 라인 중 하나로 은은하고 고상한 딸기와 딸기 넝쿨 그림이 아름다운 그릇이다.

대부분의 명품 도자기 브랜드는 동일한 디자인으로 디너 접시에서 작은 볼까지 여러 용도의 그릇을 세트로 구성해 판매한다. 잘 설계된 백화점의 조명 아래에 세트로 멋지게 진열해 놓은 그릇 세트를 보면 통일된 아름다움과 세련된 테이블에 넋을 놓을 수밖에 없었다. 그 조화로움에 홀려 매장에 입장해 구경하고 있자니 직원이 다양한 세트 구성을 보여주며 설명했다.

"이 라인은 단종되면 구하기 힘든 세트가 될 테고, 단종되지 않더라도 가격이 계속 오를 테니 지금 사두시는 것이 이익이에요."

실제로 물가는 해마다 계속 오르고 있고, 특히 명품이라 이름 붙은 제품은 평균적인 물가 상승 곡선보다 더욱 가파른 곡선을 그린다. 소비자를 안달나게 하는 판매 전략은 이미 반쯤 홀려 있는 고객에게 지금 사지 않으면 손해를 볼지 모른다는 불안감까지 조성해 결제까지 일사천리로 진행하게 만들었다.

그러나 어느 순간, 정체성이 분명한 프린트가 새겨진 그릇은 같은 라인을 모아놓지 않으면 다른 그릇과는 조화를 이루기가 어렵다는 것을 깨닫기 시작했다.

게다가 사람의 취향은 특정 시기와 양식에 고정되지 않았다. 나이를 먹으면서, 환경이 바뀌면서, 그리고 소비자의 취향이 빠르게 변하도록 채근하는 트렌드에 따라 늘 변덕을 부린다. 그렇게 하나둘 소중히 모아온 세트가 갑자기 촌스러워 보이고 싫증을 느끼게 됐다. 믹스 앤드 매치의 귀재가 아닌 이상 다른 그릇과 잘 어울리게 섞어보려 해도 뭔지 모를 이질감이 느껴지는 건 어쩔 수 없었다.

그런 이유로 웨지우드의 와일드 스트로베리 수집은 5년 만에 나의 버킷리스트에서 완전히 제외되었다. 그릇의 라인을 완성하려다 섬처럼 그들만의 리그를 이룬 채, 다른 어느 것과도 조화되지 않는 부조화의 결과만 낳았기 때문이었다.

하나의 작은 것에서 시작된 통일성에 대한 갈망은 무의미한 소비에 대한 후회만 남겼다. 그나마 크게 자리를 차지하지 않는 찻잔 세트에서 멈췄으니 다행이지 이 수집이 계속되었다면 찻잔 세트와 어울리는 디너세트와 테이블보, 주방 인테리어, 더 나아가 집 전체를 딸기 그림으로 도배하게 되었을지도 모른다.

"사면 살수록 이득입니다"라는 파리 봉마르셰 백화점의 광고 문구와 흡사했던 웨지우드 매장 직원의 "지금 사야 이득이에요"라는 말은 이렇게 바꿔야 할지도 모르겠다.

"지금 사면 '저희에게' 이득이에요."

소비를 부르는 수많은 문장들

오래전 서점에서 구입하자마자 단숨에 읽어 내려갔던 단편 소설이 하나 있다. 아쉽게도 제목도 작가도 기억나지 않지만 책의 내용은 이랬다.

소설의 주인공은 책상을 새로 구입했다. 하지만 방에 책상을 배치하고 보니 다른 가구며 벽지가 새 책상과 어울리지 않았다. 우선 벽지를 바꾸고 가구를 하나씩 바꾸다 보니 자기도 모르는 사이에 무의미한 비용을 들여 방 전체를 낯선 방으로 만들어버렸다는 내용이었다.

다소 허무한 이 소설은 자연스럽게 프랑스의 철학자인 드니 디드로의 에세이를 떠올리게 했다. 그는 친구로부터 선물받은 붉은색 가운이 방에 있는 오래된 물건들과 어울리지 않는다고 생각해 의자와 책상, 러그, 커튼 등 모든 것을 빨간색으로 바꿔버렸다. 마지막에는 어느새 붉은 가운의 노예가 되어 있더라며 후회했다.

'누가 그런 바보 같은 짓을 하겠어'라며 웃을 수도 있지만 찬찬히 생각해 보면 누구나 한 번쯤, 아니 여러 번 그런 경험

을 한 적이 있다는 사실을 깨닫게 될 것이다. 로션이 필요해서 무심코 들른 화장품 매장에서 직원의 손길에 따라 이것저것 발라보다가 정신을 차려보니 로션과 같은 라인의 에센스와 토너, 크림까지 사버린 그런 경험 말이다.

같은 브랜드 제품은 서로 잘 조화되도록 만든 것이기 때문에 함께 써야 더 효과가 좋다는 설명은 상당히 그럴듯하다. 게다가 매장 직원이 다양한 샘플과 파우치까지 챙겨주면서 자기 덕분에 큰 이익을 본 거라며 생색을 내니 뭔가 개운치 않은 마음이 들다가도 정말 이득을 본 것 같은 만족감을 느끼며 매장 밖으로 나선다. 로션 하나만 샀다면 결제한 비용의 반의 반도 쓰지 않았을 텐데 말이다.

타인과 다르지 않은 내가 되기 위하여

이렇게 하나의 물건을 사고 그것과 어울리거나 통일성을 가진 제품을 연속적으로 사들이는 현상을 드니 디드로의 이름을 따서 '디드로 효과'라고 부른다. 디드로의 붉은색 가운에 대한 에세이는 다소 비약일지도 모르지만 인간에게는 통일되어 정돈된 것, 유사한 것끼리 조화시킴으로써 정서적인 안정을 얻으려는 욕구가 있다. 특히 옷이나 가구처럼 눈에 보이는 사물이라면 더욱 그런 경향이 두드러진다.

조화를 통해 안정감을 얻으려는 심리의 원인을 파고들다 보면, 결국 인간은 사회적 동물이기 때문이라는 결론에 이른다. 태어나면서부터 죽는 순간까지 크고 작은 사회의 일원으로 자리 잡고자 하는 소속의 욕구는 인간의 기본 욕구 중 하나다. 우리는 본능적으로 자신이 속한 집단에 잘 스며들기 위해 조직의 성향과 색깔에 맞추려 노력하고 자신이 이 조직에서 이질적이지 않은지 끊임없이 확인하며 타인의 눈을 의식한다. 그중 가장 적은 노력으로 조화를 이루는 방법이 '시각적인 통일'이다.

영화 〈악마는 프라다를 입는다〉의 주인공 앤디 삭스는 패션 잡지사의 일원으로 인정받기 위해 가장 먼저 그들과 동일하게 입고, 그들과 같은 브랜드를 신고, 그들과 비슷하게 화장하는 법을 택했다. 앤디는 동료의 조언을 바탕으로 머리부터 발끝까지 명품으로 휘감고 출근했고, 신체 사이즈와 브랜드로 능력을 평가하는 조직에서 이러한 '시각적 획일화' 전략은 단번에 통한다. 앤디는 그들과 같은 겉모습을 갖추고 나서야 그 사회의 일원으로 받아들여지고 주목받기 시작한다.

소속된 조직에서 '타인과 다르지 않은 인간'으로 흡수되고자 하는 욕구는 생활 전반으로 파생된다. 옷과 신발, 가방에서 시작해 집 안의 벽지와 소파, 자동차, 아파트, 자신의 취향까지 같은 맥과 결을 형성하기를 추구한다.

마케팅에서는 통일성을 이루어 안정을 찾고자 하는 인간의 심리를 절묘하게 이용해 '크로스 브랜딩'이라는 전략을 펼친다. 같은 브랜드의 같은 라인을 써야 효과가 좋다는 화장품이나 고급 라인을 만들어 한꺼번에 구매를 유도하는 그릇 등이 그렇다. 한 브랜드에서 셋업이라는 이름으로 상의와 하의, 겉옷과 액세서리 등 머리부터 발끝까지 코디해 자연스럽게 지갑을 열도록 유혹하는 것 또한 크로스 브랜딩의 예다.

가전제품도 마찬가지다. 신혼부부나 새집에 이사한 후 살림을 바꾸려는 소비자를 타깃으로 냉장고와 식기세척기,

세탁기와 건조기, 김치냉장고에 의류관리기까지 비슷한 디자인의 컬렉션으로 구성해 판매하는 전략도 크로스 브랜딩이다.

사실 각자의 삶에 따라 필요하지 않은 제품이 있음에도 컬렉션으로 구입하면 더 저렴하고 분위기를 어지럽히지 않으며 통일성 있게 정리해 줄 것이라는 직원의 권유로 풀 패키지를 구매하게 된다. 부조화와 불균형에 불안정을 느끼는 인간 심리를 교묘히 이용해 불필요를 필요로 확신하게끔 하는 것이다. 하나라도 빠지면 완벽하지 않다는 식으로 말이다.

하지만 현실을 살아가는 우리는 의류 화보의 모델이 아니며, 우리 집은 가전제품 카탈로그의 세트장이 아니다. 맹목적이며 무분별한 통일성에 대한 열망은 나와 내 생활을 광고판으로 재현할 뿐이다.

유명 브랜드로 옷과 그릇, 화장품과 집을 통일하려는 건 나만의 감각을 드러내려는 의도에서 시작롯되지만, 붉은색의 노예가 되었던 디드로처럼 내면이 아닌 시각적 개성을 추구하다 보면 몰개성의 노예가 되는 결과를 초래한다.

진정한 개성과 감각은 시간이 흐르며 자연스럽게 변화하

는 취향과 그 과정을 통해 형성된 자기만의 생활방식이 차곡차곡 쌓여 만들어진다. 그것들은 서로 다른 색과 모양, 다양한 가격과 다른 분위기를 가지고 있어도 신기하게도 서로를 닮아가며 자연스럽게 어우러진다. 다양한 경험과 사고를 하는 가운데 복잡하고 부조화해 보이지만 결국 '나'라는 하나의 정체성을 이루는 것처럼 말이다. 그렇게 쌓여 만든 것이야말로 물건의 정체성에 나를 비집어 넣은 게 아닌, 나의 정체성을 반추하는 조화로운 컬렉션으로 완성된다.

클래식과 명품은 같은 말일까

계급의 상징은 차별의 힘을 잃는 순간 소멸한다.
미니스커트가 광부촌에 유행할 즈음이면
다시 원점에서 출발한다.

◆

『사회학의 문제들』, 피에르 부르디외

패션에 문외한인 사람이라도 버버리 코트를 모르는 사람은 별로 없을 것이다. 어렸을 때는 튼튼하고 방수성 있는 베이지색의 긴 코트를 모두 버버리 코트라고 부르는 줄 알았다. 그런 외투의 정식 명칭은 트렌치코트이며, 버버리 코트는 버버리사에서 만든 트렌치코트의 한 종류라는 것을 알게 된 건 세월이 한참 지난 후였다.

한 브랜드에서 만든 상품이 마치 한 아이템의 대명사처럼 인식되는 경우가 있다. 거의 모든 브랜드에서 원하는 최종 종착지가 버버리 코트, 샤넬 백, 스카치테이프, 타이레놀처럼 자사의 상품이 보통명사처럼 사용되는 것이 아닐까. 많은 사람에게 오랜 시간 대표 격으로 자리 잡기 위해서는 상당한 시간 동안 영향력과 의미를 쌓아올려야 한다. 그리고 긴 세월에 걸쳐 사람들의 인식 속에 확고하게 자리 잡은 것들을 우리는 '클래식'이라 부른다.

패션에 관심을 가졌던 30대 중반에 서점의 패션 잡지 코너를 돌다가 '패션의 지침서'라고 홍보하는 스타일링 책을 산 적이 있다. 책 속에는 의류부터 액세서리까지 다양한 아이템과 스타일링을 사진과 글로 소개하고 있었다. 말하자면 스타일링에 있어 클래식이라 불릴 만큼 고전적이지만 유행을 타지 않는 아이템과 코디를 보여주겠다는 것이 책의 의도였다.

책에는 현대인이라면 옷장에 반드시 갖춰야 한다는 줄무늬 티셔츠 같은 캐주얼 의류부터 테일러링의 대가가 디자인한 정장 재킷, 핸드백, 액세서리, 트위드 재킷 등의 대표 브랜드를 소개하고 있었다. 그것들을 '영원한 클래식'이라 강조하면서.

당시의 내가 감당하기에는 고가의 제품이 대부분이라 그저 읽고넘겼지만 나중에 '클래식'이라는 단어에 혹해서 그 책에서 추천했던 세인트 제임스의 줄무늬 티셔츠를 구매한 적이 있다. 하지만 몇 번 입지도 못하고 중고 시장에 팔아버렸다. 세인트 제임스 티셔츠의 특징인 목이 옆으로 길게 파인 네크라인이 좁은 내 어깨를 더욱 눈에 띄게 할 뿐, 나와 전혀 어울리지 않았기 때문이었다.

아무리 줄무늬 티셔츠를 대표하는 상징적인 브랜드라 해도 나와 어울리지 않는다면, 수천만 원을 호가하는 핸드백이라 해도 들고 다닐 일이 없다면 그저 나와는 동떨어진 진부한 클래식일 뿐 시대를 초월하는 고전이 될 수는 없다. 클래식이라 추앙받는 제품의 이면에는 "이것을 소유하지 않으면 당신은 반드시 갖춰야 할 어떤 것을 놓치게 된다"라는 강제적 메시지로 우리를 편승하게 만드는 또 다른 유형의 트렌드가 숨겨져 있을지도 모르겠다는 의구심이 어렴풋하게나마 피어나던 순간이었다.

시대의 변덕에 올라탄 대가

시대가 바뀌어도 변하지 않는 것을 클래식이라 부른다면 그 대척점에 놓인 것이 트렌드일 것이다. 트렌드의 본질은 '변화', 다르게 말하면 '변덕'에 있기 때문이다.

해가 바뀔 때마다 글로시와 매트, 자연스러움과 인위적인 룩의 사분면을 오가며 달라지는 메이크업 트렌드나, 길어지거나 짧아지고 넓어지거나 좁아지는 패션 트렌드의 주기는 자본주의의 규모가 팽창할수록 점점 짧아진다. 이는 디저트 업계에도 적용되서 몇 개월 전에 유행했던 디저트가 금세 지루해지고 사람들은 새로운 곳에 줄을 서서 새로운 트렌드를 좇는다.

한 시대를 풍미했던 유행이라도 또 다른 물결이 밀려오면 순식간에 사라지고, 사람들은 새로운 트렌드를 받아들이기 위해 이전의 유행을 빠르게 머릿속에서 지워버린다. 그리고 비워진 자리는 공백기를 느낄 새도 없이 또 다른 유행으로 채워진다. 알코올의 증발 속도만큼 유행의 휘발성도 강하다.

참으로 아이러니한 일이다. 모든 분야에서 엄청난 기술 발전을 이룬 덕분에 물건의 내구성과 기능성은 과거에 비해 훨씬 강해졌는데 버려지고 교체되는 속도는 더욱 빨라졌으니 말이다.

옷장을 들여다보면 수년 전에 구입한 겨울 패딩은 여전히 괜찮은 방수 기능과 보온 기능을 갖추고 있고, 역시 구입한

지 오래되지 않은 스포츠 의류는 뛰어난 내구성과 통기성을 유지하고 있다. 그럼에도 기장이 왠지 길어 보이고 품이 유행에 뒤떨어져 보여 더 이상 선택받지 못한 채 자리만 차지하다가 트렌디한 상품이 들어갈 자리가 없어질 때가 되면 냉정하게 자리에서 쫓겨난다.

이런 현상은 극대화된 현대 자본주의 시장이 유지되기 위한 과정이다. 시장이 커지고 자본주의가 굴러가기 위해서는 끊임없는 소비가 필요하기 때문이다. 기술의 진보로 물건의 사용 가치가 충분히 충족되어 새로운 소비 동력을 잃는 시점이 오면 새로운 소비를 각성시키는 유일한 추동력은 유행뿐이다.

그렇다면 유행은 소비자의 자발적인 힘으로 자연스럽게 형성되고 확장되는 것일까? 과거 미니스커트나 새빨간 빛깔의 립스틱이 유행했을 때 매스컴에서는 경제 침체기에 접어들어 상대적으로 위축되는 심리 때문에 소비자들이 짧은 치마와 진한 빛깔을 찾게 된다는 해석을 내놓곤 했다.

이는 유행을 만들어내는 것이 소비자의 자의라 말하는 것처럼 들리지만 인간의 선택이란 그리 능동적이지 않다. 나만의 개성과 주관에 의한 결정이라고 생각했던 것이 사실은 자신이 속한 사회와 문화에 절대적으로 휘둘린 경우가 대부분이다.

영화 〈악마는 프라다를 입는다〉의 한 장면은 이러한 모습을 잘 보여준다. 아무리 봐도 비슷해 보이는 푸른색 벨트 두 개를 놓고 "너무 다르다"라고 말하는 패션 디렉터의 모습에 살짝 실소를 터트린 주인공 앤디에게 편집장 머랜다는 이렇게 말한다.

"네가 입고 있는 스웨터는 그냥 푸른색이 아니라 셀룰리안 블루라고 하는 거야. 2002년에 오스카 드 라 렌타의 컬렉션에서 선보이며 선풍적인 인기를 끌었지. 그 색이 백화점 명품관에서 큰 사랑을 받다가 너 같은 사람이 애용하는 아웃렛에서 수명을 다할 때까지 얼마나 많은 수익과 일자리를 만들었는지 아니? 지금 이 방에 있는 사람들이 선택했던 색상의 스웨터를 입고 있으면서 너는 아무 상관 없다는 듯 웃고 있는 거, 너무 우습지 않니?"

머랜다의 일갈처럼 유행이란 소비자의 개성과 선택의 결과가 아니다. 누군가가, 주로 브랜드와 유행을 공급하고 싶어

하는 이들이 이미 결정해놓은 자본주의의 산물이다.

소비자는 끊임없이 과거의 자신을 부정하고 새로운 자신을 내세우는 유행의 흐름에 민감하게 반응하며, 감각 있는 사람임을 보여주기 위한 '차이화'라는 목적지를 향해 환승역에서 갈아타기를 반복한다. 하지만 슬프게도 영화 속 머랜다의 말처럼 현재의 유행이 아웃렛에서 수명을 다하고 새로운 유행이 시작될 수 있도록 기꺼이 몰개성화라는 만원 버스에 탑승하는 무의미한 행위일 뿐이다.

유행에서 비켜설 용기

유행의 창조자는 소비 시장의 꼭대기에 있는 기업가와 자본가다. 그들이 시즌마다 제안하는 제품의 스타일과 방향성이 유행의 파동을 만들고, 셀러브리티들이 그것을 복음처럼 전파하며 더 큰 파장을 일으켜 유행이라는 거대한 물결 안에 다수의 대중을 편입시킨다.

이러한 관점에서 보면 자본주의 시장의 클래식은 우리가

생각하는 음악이나 소설에서의 클래식과는 완전히 다르다. 물론 현대사회에서 누구나 쉽게 향유할 수 있는 클래식 음악과 미술 또한 과거에는 왕족과 귀족 같은 특정 계층만 누릴 수 있었던 문화였다. 하지만 오랜 세월을 거치며 다양한 계층에 보급되었고, 몇십 년 동안 클래식을 향유할 수 있었던 우리는 취향에 따라 좋아하는 작품을 취사선택해 즐길 수 있게 되었다.

하지만 명품시장의 클래식은 시간이 지날수록 대중을 위에서 바라보며 격차를 벌리고 개개인의 취향에 맞추기보다 명품이라는 이름과 위치와 유행에 소비자가 맞출 것을 강요한다. 소위 자본주의에서 클래식이라 불리는 명품은 모든 사람이 쉽게 누릴 수 없는 격차를 유지하면서도 유행을 창조하고 이끌어가는 트렌드의 시작점이다. 또한 모든 사람이 열망하고 맹목적으로 모방하는 순간, 자신이 창조한 유행을 소멸시키고 다시 격차를 벌리기 위해 내달리는 트렌드의 종착점이기도 하다.

독일의 철학자 쇼펜하우어는 "새로운 소망은 아직 인식되지 않은 오류"라며 새로운 것을 끊임없이 갈구하며 좇는 것은 결국 내적 결핍 때문이라 지적했다. 쇼펜하우어의 말처럼 물리적인 부담과 금전적인 부담을 감수하면서까지 새로운 유행에 맹목적으로 뛰어드는 것은 내면에 눈을 돌리지 않고 겉으로만 그럴듯하게 보임으로써 내적 결핍을 감추려는 행동일 수 있다.

시대가 바뀌어도 변하지 않는 것은 인터넷 쇼핑몰 장바구니에 담겨 있다가 우리의 기억 속에서 잊히는 것들이 아니다. 오직 태어나는 순간부터 간직하고 있는 나만의 고유한 정체성이다. 나의 내면에 온전히 눈을 돌리고 그와 어울리는 것을 발견하고 꼭 필요한 만큼만 소유하길 바란다. 그것이야말로 세월이 흘러가면서 더욱 깊어지는 나의 변화에 민감하게 반응하는 트렌디한 물건이자 변치 않는 나의 본질과 꼭 닮은 진정한 클래식이 될 것이다.

우리 삶에서 외모 이야기가 사라진다면

그들은 삶을 누리고 싶었다.
하지만 그들을 둘러싼 사방에서
삶을 누리는 것과 소유하는 것을 혼동했다.

◆

『사물들』, 조르주 페렉

"어머, 왜 이렇게 살이 빠졌어?"

"얼굴 좋아 보인다! 예전 그대로다."

오랜만에 친구들과 만나면 덕담의 의미로, 또는 인사처럼 나누는 말이다. 오랜 세월이 지나도록 기시감 있는 장면이 끊임없이 생산된다는 건 그런 상황이 흔하기 때문일 것이다. 나도 거리를 지나다 이 정도의 호들갑은 아니라도 비슷한 장면을 여러 번 본 적이 있으니까.

대학생이던 20대 초반에 동기들과 카페에 앉아 대화를 나눌 때면 때때로 이질감을 느끼곤 했다. 커피를 마시고 나면 각자 가방에서 파우치를 꺼내 입술에 립스틱을 고쳐 바르고, 파우치를 꺼낸 김에 좋아하는 화장품 정보를 공유하곤 했다. 그 시절에는 펄이 들어간 보랏빛 립스틱과 사이버틱한 화장법이 유행이었는데, 반짝거리는 립스틱과 아이섀도 등 제품을 공유하는 대화가 끊이지 않았다.

과장을 조금 보태면 대화의 절반은 화장품과 살쪄서 걱정이라는 친구를 위로하는 하얀 거짓말 등이 차지했으니, 지금 생각하면 공부하는 학생들의 대화에서 외모에 관한 비중이 그렇게나 클 이유가 있었나 싶다.

세월이 흐른다고 해서 관심사가 딱히 바뀌는 건 아니라는 사실도 이런저런 친목 모임을 하며 깨닫게 되었다. 결혼한 뒤로는 육아의 고충 공유는 당연한 기본값이고 나이 먹으며 따라오는 변화로 인한 주름 개선이나 리프팅, 가장 흔하게는 출산 후 늘어나는 체중에 관한 이야기, 거기에 양념처럼 연예가와 드라마 속 주인공의 외모 품평도 대화의 상당한 비중을 차지했다.

사실 인간에게는(심지어 짐승들도) 본능적으로 아름다움과 그것을 유지하고 싶어 하는 갈망이 있다. 수영장에서 만나는 어르신들만 해도 나이에 상관없이 한 살이라도 어려 보이기를 바라고, 늘어지고 처지는 피부와 점점 줄어드는 머리숱에 대한 한탄과 백발의 머리를 물들일 좋은 염색약에 관해 정보를 나누는 모습을 종종 본다.

하지만 왜 외모에 관한 관심과 집착은 유독 여성에게서 더 많이 보이는 걸까. 미국의 사회학자 소스타인 베블런은 1899년에 『유한계급론』이라는 명저를 펴냈다. 여기서 '유한계급^{有閑階級}'이란 'Leisure Class', 재물이 많아 생활이 여유로워 생산활동을 하지 않으며 소유한 재산으로 소비만 하는 계층을 의미하는 단어다. 이 책에서 그는 왜 산업이 발달할수록 유한계급처럼 약탈적이고 기생적인 계급이 출연하며 이들이 왜 부를 과시하도록 진화했는지, 또 이를 모방하고 추종하는 사회의 아이러니한 모습을 분석한다.

유한계급에 관한 내용을 생각해 보면 그 시대의 여성은 외모를 꾸밈으로써 집안이나 남편의 재력과 신분을 과시했다. 현대사회에서도 아름다운 얼굴과 나이에 비해 젊어 보이는 외모는 여전히 여성의 생활 수준을 판단하는 중요 기준으로 작용함을 부인하기는 힘들다. 당장의 생계 문제를 해결하는 게 우선인 경우보다 생활이 여유로울수록 자신을 가꿀 여유가 생길 테니 말이다.

하지만 이런 양상은 자본주의가 거대화되면서 비슷하면서도 다른 방향으로 변화했다. 여성에게 경제력이 없었던 과거와는 달리, 이제는 여성도 활발한 경제활동을 하게 되었고 수동적이 아니라 능동적으로 자신에게 투자할 여유가 늘어났기 때문이다. 그 덕분에 많은 여성이 자신이 속한 집단의 성격과 자신의 위치에 맞는 분위기를 위해 비용을 들여 외모를 가꾸고, 그에 맞는 의상이 더 돋보이도록 몸을 만들고 치장하는 일에 열심인 시대가 되었다.

일상을 장악한 보디 토크의 공허함

지인들과 만나 이야기를 나누다 보면 화장품 정보에서 시작해 레이저 시술과 성형까지, 거기에 연예인의 가십 같은 주제로 흘러가는 경우가 많다. 이러한 '보디 토크'는 외모에 대해 나누는 대화로 주로 여성이 외모에 대해 걱정해야 하고 자신의 몸을 싫어하고 개선해야 하는 일이 일상라는 메시지를 준다.

미용 분야의 전문가인 지인에게 요즘 숍을 찾는 고객에 관한 이야기를 듣다 보면 새로운 세상을 접하는 것 같아 놀

랄 때가 많다. 전문가에게 메이크업을 받는 건 결혼식이나 집안의 큰 행사, 혹은 대중 앞에 서야 하는 이벤트가 있을 때나 필요한 건 줄 알았는데 그게 아니었다.

요즘은 남자 친구와 데이트할 때, 가을 단풍놀이를 가서 사진을 찍기 위해, 카톡 프로필 사진을 바꾸기 위해, 오랜 친구들과의 동창 모임이 있을 때, 심지어는 특별한 일 없이 인스타그램에 사진을 올리기 위해서도 메이크업을 받는 경우가 상당히 많다는 것이다. 결코 저렴한 비용이 아니지만 많은 여성들이 이런저런 일상에서 기꺼이 지갑을 열어 외모를 가꾸고 있었다. 그런 여성들의 연령층은 비단 20~30대에 국한된 게 아니라 중년층과 노년층에 이르기까지 정말 다양했다.

이런 이야기를 듣고 처음 들었던 생각은 '뭘 그렇게 유난을 떠나'였지만, 다른 관점에서 보니 단조로운 일상에 변화를 줌으로써 새로운 즐거움을 누릴 수도 있겠다는 생각이 들었다.

40대 초중반까지만 해도 피부나 몸매 같은 외면에만 편중된 대화의 주제가 맞지 않아 혼자 멀겋게 앉아 그 상황을 한없이 가볍고 무의미하다고만 생각했다. 하지만 나이 들며 주름지고 칙칙한 피부에 수분과 화사함을 더해주고, 탄력 없이 늘어지는 몸에 긴장감을 유지하도록 매일 운동하는 자기관리는 다가올 노년기를 위해서도 중요한 습관이라는 쪽으로 생각의 방향이 달라지기 시작했다.

다만 그런 노력의 주체이자 목적 또는 대상이 '자신'인지 '타인'인지에 대한 성찰이 필요하다. 동창 모임이나 단풍놀이를 가기 위해 굳이 비싼 돈을 들여 메이크업을 받는 건 친구들에 비해 초라해 '보이지' 않으려는 게 주된 목적인 경우가 많으며, 카톡이나 인스타그램 또한 혼자 사진을 보며 만족하기보다는 프로필을 보는 이들에게 '보여주기' 위한 경우가 훨씬 더 많기 때문이다.

화장법이나 코디법에 관한 수많은 동영상의 제목을 훑어보면 어리게 '보이는' 방법, 화사하게 '보이는' 방법, 다리가 길어 '보이는' 방법, 얼굴이 작아 '보이는' 방법같이 원래의 내 모습을 최대한 가리고 착시 효과를 냄으로써 남들에게 더 예쁘게 '보이는' 것에 초점이 맞춰져 있다.

타인의 눈으로 나를 볼 때 생기는 비극

우리는 타인에게 보이는 내 모습에 집착한다. 심지어 내가 바라보는 내 모습마저 타인의 시선을 매개로 바라보곤 한다.

하지만 시선과 관점의 방향이 내가 아닌 타인에게 편중되어 있으면 얼굴을 가꾸고 몸을 단련하는 과정 자체가 즐겁고 편안할 수 없다. 상대가 나를 어떻게 바라볼까를 늘 의식해야 하며, 타인의 외모와 나의 모습을 끊임없이 비교하게 되고, 내가 아닌 다른 사람의 기준에 맞춰 나를 재단하며 매일 거울 속에 비친 나를 바라봐야 하는 일상은 얼마나 피곤하고 지치는 일일까.

머릿속에 떠오르는 자질구레한 생각들이 끊임없는 경쟁심과 비교로 정신적 스트레스를 누적시키고 자아보다 타아에, 내면보다 외면에 무게추가 기울어진 채 삶이 이어진다면 자신만이 가진 고유의 아름다움을 깨닫지 못하고 내 모습 구석구석에 불만만 키우다 삶을 마칠지도 모른다.

생김새와 몸매까지도 경쟁과 시기, 열등감과 승리감을 안겨주는 중요한 요소가 된 데는 현대 자본주의에서 얼굴과 몸이 경제력이자 경쟁력으로 작용하기 때문이다. 그것이 시장에 자신을 파는 중요한 수단이 되었기 때문이다. 남성들 또한 취업시장에서 경쟁력을 갖추기 위해 성형이나 시술, 피부 관리 등에 매진한다는 이야기를 듣는다. 실제로 외모가 준수하고 몸매가 날씬하고 비율이 좋은 남자가 취업률이 높다는 것이 취업생 사이에서 정설로 받아들여지기 때문이다.

단정하고 깔끔한 매무새와 좋은 인상은 이제 어떤 식으로 자기 관리를 해왔는지 가늠할 수 있는 척도가 되었기에 취업시장에서 중요한 기준임을 부인할 순 없다. 하지만 '인간'을 평가하는 데 있어 단순히 외모로 합격과 불합격을 결정하기에는 그와 비교할 수 없을 만큼 중요한 요건이 많기에 상당히 안타까운 이야기다.

몇 달 전 아무런 서사와 내용 없이 그저 춤을 추거나 선정적인 모습을 보여주고 의미 없는 대화를 나누는 방송 콘텐츠로 후원금을 받을 수 있는 플랫폼이 존재한다는 사실을 알게 되었다. 그런 플랫폼에서 방송하는 방송 BJ는 대부분 풍만한 몸매를 그대로 보여주는 의상을 입고, 한눈에 봐도 누구나 예쁘다고 인정할 만큼의 화려한 외모를 자랑하고 있었다.

그들의 방송 장면은 외모의 상품화라는 혐오 어린 욕설의 직접적 대상이 되곤 하지만, 그러면서도 화려한 외모와 눈을 번쩍 뜨게 만드는 몸매에 대한 어쩔 수 없는 부러움과 선망, 또 그렇지 못한 자신에게 느끼는 스트레스도 분명 있을 것이다. 특히 나이가 어릴수록 그러한 자극적인 유행에 편승하기 쉽고, 오직 외모가 삶을 지배하는 주제가 된다.

하지만 세월이 흐르면 인간이란 존재는 누구든 나이를 먹는다. 자연스럽게 찾아오는 노화와 변화는 그 누구도 막을 수 없다. 대중에게 알려진 유명인뿐 아니라 우리 주변에서 마주치는 일반인도 마찬가지다. 하지만 세월의 흔적이 묻어나는 잔주름이 온 얼굴을 덮고 있어도, 생을 사느라 늘어진 몸매와 볼록 나온 똥배가 도드라져도, 환히 웃는 모습이 한없이 맑고 순수해 보여 존재 자체에서 아름다움이 느껴지는 사람들이 있다.

중년이 되기 전까지는 그저 '예쁨'으로만 이야기할 수 있었던 우리의 외모는 나이 들어가며 '아름다움'이라는 관점으로 바라보게 된다. '예쁨'과 '아름다움'은 비슷한 말인 듯하지만 예쁜 사람과 아름다운 사람은 다르다. 겉보기에 이목구비가 뚜렷하고 생김새가 보기 좋은, 외적인 미모가 뛰어난 걸 예쁘다고 하지만 아름다움에는 단순히 생김새를 넘어 사람마다 가진 고유한 인품과 분위기까지 포함된다. 그런 점에서 예쁜 얼굴은 시술과 관리, 그리고 화장법 등으로 어느 선까지는 만들 수 있지만 아름다운 얼굴은 각자의 고유한 인장과도 같아서 결코 인위적으로는 만들 수 없고, 유행에 따라 바뀌거나 흉내 낼 수 있는 것도 아니다.

미美와 추醜, 흑백논리 사이의 인생

여성들이 노화를 긍정하고 대단할 것 없는 자신의 모습에 만족하게 되면 거대한 미용 산업은 성장 동력을 잃는다. 그러기에 이 산업은 이전에는 인지하지 못했던 결점들을 끝없이 탄생시킨다.

공학처럼 발달하는 다이어트 방법론이나 피부관리법은 물론 다크서클이나 팔자주름, 심부볼, 목 주름 같은 구석구석의 외모 변화와 차이를 반드시 해결해야 할 결점으로 인지하게 하고 솔루션을 팔아 거대한 시장을 더욱 팽창시킨다.

요즘 사람들이 열광하는 '뷰티'라는 개념 또한 비싼 귀금속을 걸치거나 많은 비용을 들여 피부와 몸매를 관리하고 화려하게 화장을 하면서 만들 수 있을지도 모른다. 하지만 때로는 인위적으로 연출한 뷰티가 오히려 콤플렉스를 웅변하는 듯 역효과를 보이는 경우도 있다는 점은 무척 아이러니하다.

결국 세월이 흐르며 젊음만이 누릴 수 있는 외적인 화사함은 잃겠지만 품격에서 우러나오는 아름다움은 각자의 노력 여하에 따라 얼마든지 얻을 수 있다. 유행 타는 브랜드처럼 모두가 열망하는 예쁘고 뷰티 나는 외모보다 사람마다 독특하게 발현하는 자기만의 품격을 지니며 늙어가는 삶이 궁극적으로 추구해야 하는 자기실현이 아닐까 생각한다.

외모 관리가 불필요하다는 말이 아니다. 단지 꾸준한 관리는 나이 들수록 신체 건강과 더불어 내가 나에게 전하는 외적 언어로, 몸을 단련하고 관리함으로써 일상에서 긴장을 놓지 않고 단정하게 살아가는 각자의 정신세계를 구축하기 위함이라 말하고 싶다. 끝없이 상대와 자신을 비교하고 평가함으로써 경쟁심과 시기심을 불러일으키는 보디 토크야말로 공허하고 즐겁지 않은 소통일 뿐이라는 의미다.

자연의 아름다움을 담은 꽃다발을 받으면 장미나 백합, 수국 같은 선명한 꽃이 먼저 눈에 들어오지만 냉이초나 소국, 옥시페탈룸, 아미초처럼 자신만의 존재를 뽐내는 작은 꽃들도 무척 아름답다. 그리고 초록색 엽란이나 루스커스 같은 소재 잎들도 도도한 생명력과 존재감으로 꽃다발의 자연스러운 아름다움을 완성한다. 우리 사회가 강조하는 미美 아니면 추醜라는 흑백논리를 걷어내면 그 안에 수많은 삶이 저마다 고유한 색으로 반짝반짝 빛나고 있다. 우리 사회의 비극은 자신의 고유한 색과 형태를 외면한 채 장미가 튤립을 꿈꾸고 소국이 엽란처럼, 목련처럼 되기를 바라는 데서 시작된다.

나이가 들수록 우리가 나누는 대화가 각자의 비슷한 듯 고유한 색과 일상을 공유하는 가운데 타인의 이야기를 경청하는 여유와 다른 일상을 흡수하고 배우려는 투명함과 작은 것에도 감탄하고 감사할 수 있는 순수함으로 가득 차 있었으면 좋겠다. 단정하고 질서 있는 삶을 위해 꾸준히 관리하되, 스스로 부여한 일상의 질서에서 많은 것을 느끼고 배우며 그 충만함을 나누는 행복을 누렸으면 좋겠다.

   도서관에 가는 사람들의 모습은 수수하다. 세련된 옷 대신 화장기 없는 편한 옷차림으로, 빛나는 브랜드 가방 대신 책을 가득 담을 가볍고 질긴 가방을 들고 조용히 서가를 걷는다. 새로운 지식을 익히고 싶은 열망과 좋아하는 작가의 책을 찾기 위한 눈은 반짝인다. 타인의 시선은 끼어들 틈이 없다. 각자 조용히 책에 몰두하며 자신만의 사유를 넓혀나간다. 가끔 세상이 거대한 도서관이라면 어떨까 생각한다.

관계를 가르는 브랜드

타인의 일상생활에 무감각한 사람들에게
재력을 각인시킬 수 있는 유일한 방법은
지불 능력의 부단한 과시뿐이다.

◆

『유한계급론』, 소스타인 베블런

물 흘러가듯 삶에 밀려왔다 빠져나가는 인간관계는 지극히 자연스러운 과정이다. 그 과정에서 아주 소수만이 오랜 시간 두터운 친밀함을 쌓아나간다. 반대로 사뭇 다른 가치관으로 인해 끊어지는 인연도 필연적으로 만난다.

"나같이 상류층에 있는 사람은 좀 다르지."

막장 드라마에나 나올 법한 이런 말은 한 사람은 내 친구였다. 그녀는 오랜 교제 후 결혼한 남편과 함께 미국으로 떠났고, 남편은 유학 생활 후 글로벌 빅테크 기업에 입사해 성공한 한인으로 자리 잡았다.

타국에 정착해 살아가는 사람이라면 부러워할 만한 회사에 다니는 것은 분명하지만, 그 친구는 서슴없이 자신을 상류층이라 칭하고 때로는 다른 지역에 위치한 회사를 '시골 회사'라 부르며 비아냥거리곤 했다.

우리 관계에서 오랫동안 알고 지냈지만 연락을 하지 않았던 동기가 하나 있었다. 그러다 그 동기가 변호사가 되었고 친구는 갑작스럽게 그 동기와 친분을 맺기 위해 애썼다. 그 친구는 변호사 동기가 사건의 해결 과정에 대한 글을 올리거나 수임료로 막대한 금액의 세금을 납부했다는 글을 올릴 때면 정성스러운 댓글을 달았고, 오랜 시간 관심조차 두지 않았던 변호사 동기와 적극적으로 만나기 시작했다. 한 번씩 만날 때마다 자랑스럽게 사진을 찍어 다른 지인에게 공유하기도 했다.

단순히 성공한 친구에게 추앙의 몸짓을 취하는 것이 관계 단절을 마음먹게 된 원인은 아니었다. 내가 그 친구와의 관계를 정리하게 된 결정적인 이유는 변호사가 된 동기와 가까워진 후부터 가까이 지냈던 지인과 친구들을 자신들보다 낮은 부류로 비하하고 있음을 알았기 때문이었다. 그 친구는 사회에 영향력을 가지고 많은 수입을 버는 동기와 가까이 지내면서 자신 또한 상류사회의 완벽한 일원이라 착각하고 있었다.

급을 나누는 사람들

오래전 연락이 끊긴 또 다른 친구는 평범한 가정환경에 늘 불만을 가졌고 자주 신분 상승에 관해 이야기하곤 했다. 취직한 후 그 친구는 대학원에 입학했는데, 그곳에는 이미 사회적으로 나름의 성공을 거둔 후 인맥을 쌓기 위해 대학원에 진학한 중장년층이 대부분이었다. 그들과 함께 강의를 듣고 회식을 하며 2년을 보내는 동안 그 친구의 사고방식과 생활 태도는 무척이나 달라져 있었다.

문제는 그 친구가 함께 공부하는 동기들이 성공을 얻기까지 들였던 노력의 과정보다 그들이 현재 누리고 있는 고급스럽고 화려한 생활만을 닮으려 했다는 점이었다.

사회적인 영향력을 가진 이들과 밀접하게 소통하고 그들의 라이프스타일을 모방하면서 친구는 자신 또한 그들과 유사한 부류라 생각하고 있었다. 그 친구와 만날 때 소박한 식당에서 식사를 하자고 하면 수준이 낮다며 무시하는 태도를 보이기도 했고, 장을 볼 때면 대학원 동기들이 그런 것처럼 백화점 식품관만 이용했다. 결국 그 친구와는 더 이상 관계를 유지할 수 없다는 생각이 들어 조용히 연락을 끊었다.

관계를 정리하기로 한 사연과 이유에는 저마다 차이가 있지만, 언급한 세 친구에게서 엿보이는 '상류층'에 관한 사고는 무척이나 유사하다. 그들은 각자가 맺고 있는 인간관계에 기준을 두고 사회 계급을 판단했다.

보다 구체적으로 말하면 그들은 원하는 사회적 위치에 오르기 위해 열심히 노력하기보다 그 위치에 오른 사람과 밀접한 관계를 맺음으로써 자신도 그들 위치에 편입될 수 있다고 생각했다. 그리고 그들에게 있어 계급을 판단하는 절대적인 기준은 돈과 권력이었다.

그것이 때로는 배우자의 직업이 되기도 하고, 때로는 친구의 수입이나 지인의 사회적 권력, 재력과 같은 다양한 모습이 되기도 하지만, 관계 맺는 대상의 외적 배경이 자신까지 빛내주는 조건이 된다는 확신을 가진 것만은 분명해 보였다. 결국 그들에게 인간관계는 삶을 풍요롭고 의미 있게 살찌우는 내적 동기가 아닌 자신의 사회적 위치와 신분을 과시하기 위한 수단에 불과했다.

어쩌면 그들은 명망 있는 집안이나 멋진 직업, 혹은 경제력이 있는 배우자나 친구를 가진 것을 마치 명품 핸드백을 소유한 것과 동일하게 여기고 있는지도 모를 일이다.

친구를 자랑하는 마음

삶에서 가장 순수해야 하는 '관계와 소통'이라는 네트워크마저 자본주의 사회에 젖어들며 이전과는 사뭇 다른 의미로 받아들여지게 된 것은 이제 제법 익숙한 일이다. 사회관계망으로 엮인 대상의 숫자가 커질수록 영향력은 커지고, 때로는 그것이 수입으로 연결되기에 온라인에 몰두하는 이들은 주목받기 위해 온갖 수단과 방법을 동원한다.

내 친구들을 비롯한 많은 사람이 겉으로 보기에 대중의 선망을 받는 직업이나 부유한 배경을 가진 사람과 관계를 맺고 싶어 하고, 그 결과를 과시하기 위해 노력한다. 대화를 나누다 보면 습관적으로 "내 친구 중에 ~한 친구가 있어", 혹은 "친척 중에 ~자리에 있는 분이 있어" 등의 이야기를 하는 사람을 종종 만나게 되는데 이런 사람이 있다는 사실, 그리고

그 말에 혹하는 사람 또한 적지 않다는 사실은 자본이 권력을 거느리는 사회에서 인간관계조차 중대한 과시적 자본으로 이용되고 있음을 방증한다.

'워너비Wannabe'는 이런 현상을 설명하는 적절한 단어가 될 듯하다. 워너비는 대중의 관심을 받는 유명인을 닮으려고 노력하는 사람들로, 이들의 모방 대상은 주로 매체에 등장하는 연예인 같은 셀럽이나 재벌가 자녀와 같은 부유층, 많은 팔로워를 둔 인플루언서다. 워너비들은 그들의 말과 행동, 패션 스타일과 화장법을 비롯한 일거수일투족을 모방하려 애쓴다.

심리학자 알프레드 아들러의 이론에 따르면, 열등감이 밑바탕에 있는 모방은 인간 성장의 소중한 근간이 되기도 하기에 모방 자체를 부정적으로 여길 수는 없다. 여기서 문제가 되는 것은 소비 지상주의다. 즉, 자본 제일주의 세계에서는 선망과 모방의 기준이 오로지 고소득층의 재력에 집중된다는 점이다.

그리고 그런 현상이 극대화될수록 맹목적이며 나약한 가치관의 소유자들은 건설적인 노력보다는 명품을 소유하는 것과 같은 쉬운 방식으로 소비를 통해 이들을 닮으려 한다. 그리고 그런 방식의 가장 마지막 단계에는 '돈 많은 친구나 가족을 소유하는 것'이 있다.

하지만 서로의 필요조건으로 연결되었던 고리의 맞물림은 너무나 허술하고 쉽게 끊어진다. 명품에 관한 정보를 나누는 카페에서 만나 친자매처럼 지내던 모임이 손익 문제로 사이가 틀어져 법정 다툼을 했다는 일화를 접한 기억이 있다. 간도 쓸개도 내어줄 만큼 절친해 보였던 관계가 사실은 주종 관계처럼 비틀어지고 왜곡돼 있었다는 것을 목격한 적도 있었다. 진정성과 투명한 소통이 결여된 소비적 관계는 결코 오래 유지될 수 없다.

이런 피상적 관계에 집착하는 이들이 열망하는 재력과 권력만이 그들이 말하는 상류층이라는 계급을 나누는 기준인지, 그것이 아니라면 진정한 판단기준은 무엇인지 또한 고민해야 하는 부분이다.

우리나라보다 훨씬 전에 자본주의의 이점과 폐단을 모두 경험한 미국에서는 여러 문학 작품을 통해 타락한 상류계층의 실상을 다뤄왔다. 여러 차례 영화화되기도 했던 퍼트리샤

하이스미스의 『재능 있는 리플리』와 스콧 피츠제럴드의 『위대한 개츠비』 같은 소설에 이에 대한 날카로운 성찰이 담겨 있다.

이 소설들의 실질적 주제는 보잘것없고 가난한 집안에서 자라 병적으로 상류층에 집착하는 리플리와 개츠비의 비틀린 욕망이다. 하지만 그들이 그토록 갈망해 마지않는 부유층에 속해 있으면서도 흥청망청 돈을 탕진하고 여성들과의 문란한 생활을 일삼는 딕키 그린리프나 사치와 허영에만 몰두하는 데이지 페이의 모습을 통해서 과연 재력과 권력이 상류와 하류를 결정짓는 유일한 기준이어야 하는지에 대한 물음 또한 갖게 한다.

질투와 선망을 동시에 느꼈던 딕키와 적어도 겉보기에는 친한 관계를 맺고, 그의 화려한 삶을 흉내 낸다고 한들 리플리가 상류가 될 수 있을까. 데이지라는 여자를 갖기 위해 막대한 부를 쌓아 사교계의 유명 인사가 된 개츠비 또한 진정 상류사회의 일원이 된 것일까. 막대한 재산을 소유한 명망 있는 집안의 후계자라 한들 내면의 인품과 세심한 교양, 타인에 대한 배려가 실종된 딕키와 데이지를 상류계급이라 칭

할 수 있을까. 그리고 그들과 맺은 인간관계는 가치 있고 의미 있는 진정한 '상류'다운 관계가 맞을까.

  노벨 평화상을 받을 만큼 명망이 높았던 슈바이처 박사가 기차의 1등칸이 아닌 3등칸에서 내리는 것에 의아해한 이들이 그 이유를 묻자 "4등칸이 없어서"라고 대답했다는 일화는 새삼 긴 여운을 남긴다. 낮은 자세로 삶에 최선과 책임을 다하고, 그를 통해 얻은 지위는 다시금 타인을 위해 쓸 수 있는 내면의 품격을 갖추는 것이야말로 누군가에게 의지하지 않고 스스로를 '큰 사람'으로 만들 수 있는 유일한 길이다. 성공보다는 성숙을, 가격보다는 가치에 집중하는 그런 사람이 되는 길 말이다.

  상대의 간판을 얄팍하게 이용해 자신을 내세운다고 해서 관계가 깊어지는 것이 아니다. 오히려 신뢰와 배려를 바탕으로 서로에게 투명하고 진정성 있는 도움을 주고받으며 자연스럽게 각자의 강점을 받아들여 함께 성장해야만 누구에게나 내세울 수 있는 고차원적 관계로 빛날 수 있다.

  인간관계마저 자신을 과시하기 위한 수단이라 여기는 게 당연해진다면 세상은 너무나 팍팍하고 슬플 것 같다. 인간관계는 내 몸에 걸치는 게 아니라, 내 마음에 스며드는 것이다. 진정한 관계를 통해 나 자신을 드러내고 싶다면, 우선 나 스스로 누군가에게 존경받을 수 있는 배려심과 겸손함, 세심함과 따스함과 같은 겸양을 갖추는 것이 먼저다. 내가 먼저 그런 사람으로 성숙해 간다면 분명 서로를 빛낼 수 있는 좋은 이들이 내 곁에 서 있을 것이다.

내 자식의 브랜딩

재산에 의한 비교와 차별이 행해지는 한 사람들은
재산을 경쟁하고 재력에 대한 평판을 끊임없이 추구하며
경쟁 상대보다 평판을 더 높이는 데서
무한한 기쁨을 발견한다.

◆

『유한계급론』, 소스타인 베블런

대학에서 강의하다 보면 학창 시절에 성적이 뛰어났던 학생들도 왜곡된 사고방식에 갇힌 경우가 많다는 사실에 자주 놀라곤 했다.

부모에게서 "공부만 잘하면 된다"라는 말을 들으며, 공부 외에 모든 걸 부모가 해결해 준 환경에서 자라 배려심이 부족하고 지나치게 자기애가 강한 학생을 적어도 한 학기에 한두 명은 볼 수 있었다.

당시 2학년에 재학 중이던 학생 한 명이 아직도 기억에 깊이 남아 있다. 학기 초반부터 늘 불안한 눈빛으로 때로는 강의 중에 무례한 언행으로 이해할 수 없는 말을 하던 학생이었다. 처음에는 어두운 표정과 산만한 수업 태도 때문에 그 학생에게 좋지 못한 선입견이 있었지만, 그런 언행과 낯빛은 학기 말 그 학생이 제출했던 리포트를 통해 비로소 이해할 수 있었다.

그 학생은 자신을 제외한 부모님과 누나가 모두 일류대를 졸업한 후 의사의 길을 걷는 집안의 막내아들이었다. 그런 집안의 배경에서 부모님은 아들이 더더욱 자신들의 길을 이어받기를 바랐지만 같은 대학에 입학하지도, 의사가 되지도 못한 아들을 늘 부끄럽게 여겼다고 한다.

가족 내에서 그는 낙오자였다. 친척 모임이나 행사에 참석하지 못하게 했고, 친구들과 자녀에 관해 이야기할 때면 자신의 이야기는 쏙 뺀 채 누나 이야기만을 하며 자신을 천대하는 분위기에서 오는 스트레스를 이기지 못하고 우울증으로 몇 년째 고생 중이었다.

자녀라는 브랜드

내 옆에도 쉰에 가까운 지금까지 자신을 소유물로 여기는 부모로 인해 늘 괴로워하는 친구가 있다. 아버지는 평범한 직장인이라 벌이가 한정되어 있음에도 불구하고 늘 남보다 더 나은 물건, 더 좋은 음식, 더 좋은 환경을 누려야만 직성이 풀렸다. 자기 삶이 그 기준에 미치지 못한다는 생각이 들면 모든 걸 가족 탓으로 돌리며 폭언과 폭력을 행사하기도 했다. 아버지의 그런 허세 탓에 시간이 흐르며 당연하게도 가세가 기울었지만 부모가 들인 정성에 보답하라며 아들에게 돈을 요구했다.

그들에게 자식은 남 보이기에 좋은 소유물, 더 나아가서는 신용카드 이상의 존재가 아니었다. 성적이 부모의 기대만큼 나오지 않으면 폭언을 일삼았고, 결국 그 친구는 아들로서 '살아남기 위해' 부모의 뜻대로 좋은 성적과 좋은 학벌, 좋은 직장이라는 모범적인 길을 걸어왔다. 정작 그의 부모는 아들의 삶이 정신적·신체적 학대에서 벗어나기 위한 몸부림이었음을 알지도 못했고, 알려고 하지도 않았다.

부모와 자식 간의 관계는 이미 오래전에 붕괴하고 분노와 혐오만이 쌓인 채 곪을 대로 곪은 상태가 되었지만, 그의 부모는 여전히 남에게는 아들 자랑을 늘어놓으며 진실을 외면하며 살아간다.

이런 성향의 부모는 자녀를 인격체가 아닌 소유 재산으로 여기기에 아이의 사고와 가치관, 성격, 취향과 미래까지도 자녀의 의향이 아닌 자신이 설계한 대로 움직이게끔 통제한다. 소유욕과 과시욕이 강한 이들이 소유하는 물건의 브랜드에 집착하며 타인의 시선에 몰두하듯, 이들이 자녀의 학업과 진로를 비롯한 삶 전체에 관심과 에너지를 쏟아붓는 것은 자녀를 누구에게나 과시할 수 있는 브랜드로 만들기 위해서다. 비싼 값의 브랜드와 그것을 장착한 자신을 동일시하는 것처럼 그들은 과시할 만한 스펙을 가진 자녀와 자신을 동일시한다.

물론 세상 모든 부모에게는 자녀가 물질적 풍요와 사회적 인정을 누리길 바라는 마음이 존재한다. 하지만 자녀 또한 자신을 '살아 있는 간판'으로 인식하며 부모처럼 자신의 모든 생을 육아에 걸게 된다면 만족스러울까.

설령 부모가 간절히 바라던 길을 성공적으로 걸어 겉보기에는 누구나 감탄할 만한 결과를 일구었다 하더라도 훗날 부모에게는 자신이 투자한 만큼의 보답을 바라는 집착만 남는다. 뜻대로 되지 않았을 경우에는 자녀를 향한 원망까지 생긴다. 또한 자녀는 자신이 원하는 삶을 선택하지 못했다는 억울함과 방황이라는 부작용을 경험한다.

내가 가르쳤던 학생과 내 친구의 부모는 이미 많은 것을 가졌음에도 가진 것을 잃지 않으려는 집착과 자신들이 갖지 못한 것을 자식을 통해 얻으려는 집착이라는 점에서 얼핏 상반되어 보인다. 하지만 자세히 들여다 보면 두 경우 모두 결핍감과 열등감을 바탕으로 자녀의 삶보다 남에게 보이는 자기의 모습을 우선시하며 자녀를 마음대로 통제하려 한다는 점에서 맥을 같이한다. 진심과 공감으로 자녀를 키우는 행복한 양육이 아닌, 남들의 눈만 신경 쓰는 과시적 양육이 가져오는 결말은 행복할 수 없다는 사실을 보여준다.

도대체 무엇이 이런 일그러진 관계를 초래했을까. 다른 나라에 비해 한국인들은 빠른 속도로 산업화에 적응해야 했고, 자본주의 사회의 경쟁과 승자의 논리가 미덕이 되는 분위기에서 학벌과 직업, 경제력과 같이 당장 드러나는 속물적 측면이 성공과 상류층으로의 진입을 의미하는 척도가 되었다.

아무리 원해도 뜻하는 대로 꿈을 펼칠 수 없었던 부모는 자신이 꿈꾸었던 삶을 자녀가 대신 살게 만드는 것이 자기의 삶을 '성공한 인생'이라 위안할 수 있는 보상이었을 것이다. 물론 대리만족일지언정 말이다. 반면 원래 풍요로움을 누리며 살아온 부모의 경우 경제가 발전하며 누구나 상류로 진입할 수 있는 기회가 열린 사회에서 그들과의 격차를 유지하기 위해 자녀 교육에 더욱 열중했을 것이다.

부모의 자랑스러운 브랜드가 되기 위해

한국은 이미 교육열이 비정상적으로 높은 나라로 유명하다. 사교육을 막기 위해 그 어떤 정책을 내세우든 아이에게 투자하는 높은 사교육비는 절대로 무너지지 않는 철옹성이다. 저녁 시간 유명한 학원 앞에서 자녀를 태워 또 다른 학원으로 데려다주기 위해 대기하고 있는 자동차의 북적이는 풍경은 우리에게 너무나 익숙하다.

어떤 부모는 아이를 의사로 만들기 위해 태어나는 순간부터 의대 진학을 위한 포트폴리오를 작성한다. 봉사활동도, 읽을 도서 목록도, 취미 활동도, 그 모든 것을 진학에 유리한 자소서를 쓰기 위해 아이의 취향과 성향과는 상관없이 부모가 미리 정해둔다. 이런 부모의 요구에 부응하기 위해 그에 최적화된 활동을 촘촘하게 커리큘럼으로 짜놓은 유치원이, 심지어 어린이집까지 즐비하다는 사실은 너무나 충격적이다.

아이는 자아가 미처 형성되기도 전에 오로지 사회의 '승자'가 되어 부모의 자랑스러운 간판이 되어야 한다는 어긋난 욕심으로 이미 초인적이고도 비인간적인 자기 관리에 노출되고 마는 것이다.

사회의 가장 기본이자 근간이 되는 가정에서조차 학벌과 물질 제일주의만을 강조한다면 살아가는 동안 끊임없이 성찰하며 정립해야 하는 가치관은 결코 성숙할 수 없다. 속물적 사고와 진정한 덕목은 함께 공존할 수 없기 때문이다.

타인에 대한 배려와 겸양의 미덕, 정돈된 내면과 기품에 대한 기초적인 교육 없이 살벌한 능력 위주의 환경에 노출되어 살아남은 이른바 '승자'는 영혼이 결여된 채 그저 비싼 가격표가 붙은 성능 좋은 물건과 다를 바 없다. 영혼이 없는 사람으로 구성된 사회가 어떤 식으로 변질되어 갈지는 불 보듯 뻔한 일이다. 그리고 우리는 그러한 사회로 질주하고 있다.

학대에 가까운 가혹한 교육열과 속물적 사고의 주입에 시달린 자녀들은 마치 마리오네트 인형처럼 부모가 조종한 대로의 삶을 살았건 그렇지 못했건 평생 지울 수 없는 상흔을 안은 채 살아간다. 그 상흔은 부모의 사고방식이 마치 문신처럼 새겨져 그들과 똑같은 모습으로 살아가게 되기도 하고, 곪아버린 상처가 터져 치유받지 못한 채 계속 괴로워하기도 한다.

어떤 식으로든 이미 뼛속까지 곪고 멍들어 손쓸 수 없는 가정의 붕괴는 대면하기에 너무나 슬픈 장면일 수밖에 없다.

부모와 아이, 독립된 삶을 위한 태도

아들은 겨울 패딩 점퍼가 한 벌이었다. 해마다 몰라보게 커지는 아이의 몸집에 맞게 매년 입는 패딩은 달라졌지만 개수는 늘 한 벌이었다. 아들이 학교에 다녀와서 이런 이야기를 했다.

"엄마, 오늘 우리 반 어떤 애가 너는 왜 만날 똑같은 잠바만 입고 다니냐고 약간 놀렸어."

안 그래도 다른 엄마로부터 자신의 아들이 갑자기 집 평수가 몇 평이냐 묻고, 옷이나 신발의 브랜드를 따지기 시작했다는 이야기를 듣고 적잖이 놀란 터였다. 아이들이 벌써부터 세속적인 잣대를 가지고 세상을 바라본다는 것이 놀라운 동시에 슬펐다. 그런 와중에 아들이 친구의 말을 듣고 혹여 상처를 입거나 아들도 세속적인 기준에 물들어가면 어쩌나 하는 걱정이 들었다.

"그래서 너는 뭐라고 대답했는데?"

"음… 나는 이 옷이 좋다고, 왜 여러 개가 필요하냐고 그랬어. 사실 그렇잖아. 속주머니가 있어서 레고도 넣고 다닐 수 있고 겨울에 따뜻하고. 그런데 뭐 하러 잠바가 여러 개 있어야 하는 거지?"

아들의 대답에 안도의 한숨을 쉰 건 단지 녀석이 패딩 한 벌에 만족했다는 이유 때문만은 아니었다. 아들의 대답에는 자신에 대한 신뢰가 있으며, 타인의 평가에 크게 휘둘리지 않는다는 것을 의미하고 있었기 때문이었다.

태어나는 순간부터 명품 유모차에 태우고 명품 유아복

을 입히고 유명 연예인이 사용하는 것과 같은 아기띠에 아이를 감싸 키운 것, 수년의 대기 끝에 영어 교육으로 소문이 자자한 영어 유치원에 입학시킨 것, '엄마'와 '아빠'라는 말보다 'mom'과 'dad'를 먼저 가르친 것, 그런 투자 끝에 성공한 삶을 살게 해준 것으로 자녀에게 "너를 위해 모든 걸 다 했다"라고 말할 수는 없다. 많은 돈을 들인 건 분명하지만, 아이에게 가장 필요한 사랑과 공감, 존중이라는 진심 어린 정성을 들인 적은 없을지도 모르니 말이다.

아기 때부터 부모의 무릎에 앉아 자신이 좋아하는 책을 읽으며 함께 이야기 나눈 아이는 설령 성적이 뛰어나지 않더라도 생각의 폭이 깊고 상황을 다채롭게 바라보는 자신만의 관점이 생긴다. 아이가 자기 생각을 이야기할 때면 하던 일을 멈추고 아이의 눈을 들여다보며 대화를 나눠주는 부모에게서 자란 아이는 논술 학원에서 가르쳐주는 천편일률적인 해답지가 아닌, 보편적이지 않은 자기만의 주관을 가지고 건강하게 삶을 살아갈 힘을 얻는다.

자녀는 성장하면서 부모와 다양한 상호작용을 하며 자연스럽게 자아를 만들어간다. 부모의 양육 태도는 이런 과정에 광범위하고 중대한 영향을 미친다. 수많은 관계 중 혈연 관계는 끊을 수도 없고 선택할 수도 없다는 점에서 타인과의 관계와는 상당히 다른 특이점을 갖는다. 하지만 부모와 자녀 사이 또한 결국 '관계'라는 영역 속에 위치하며 동등한 인간과 인간의 만남이자 부대낌이다.

나 역시도 아들을 키우면서 기대를 걸었고 그에 부응하지 못했을 때는 실망과 허탈, 때로는 분노를 경험하기도 했다. 아들이 중학교에 진학한 후 사춘기를 경험하며 기대 밖의 모습에 밤잠을 설친 적도 있었고, 내가 뜻하는 방향으로 끌고 가려다 번번이 좌절할 때면 배신감과 분노를 느끼기도 했다.

하지만 아이와 나는 엄연히 다른 인격체이며, 아이가 가진 사고와 현재의 생을 지지해 주고 더 많이 대화하며 함께 고민해야 한다는 사실을 받아들인 후부터, 내 옆에 있는 아이의 모습을 보며 "근사하다"라고 말할 수 있게 되었다. 그럼에도 불쑥불쑥 아이에 대한 걱정과 불안, 실망을 느끼기도 한다. 하지만 자신을 '괜찮은 사람'이라 여기며 존재 자체에 자부심을 가진 자존감 강한 아들을 보며, 적어도 타인의 시선에 휩쓸리지 않고 자기만의 단단한 삶을 만들어갈 것이라는 믿음이 생긴다. 때때로 답답함에 녀석의 인생에 간섭하고 싶어질 때면 스스로에게 말한다.

"그냥 지켜봐. 자녀는 독립된 '자아'이지 '자산'이 아니야."

2장

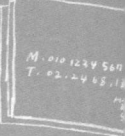

소외되지 않기 위한 강박

시즌이 바뀔 때마다 한 여성이
자신의 룩을 바꾸는 순간 패션 빅팀이 된다.

◆

베르사체

"텅 빈 거실. 가구 하나 없는 공간에 있는 것이라곤 은은한 장미향을 풍기는 향초와 따뜻한 쿠션뿐이다. 보드라운 쿠션에 기대어 얇은 찻잔에 고급 얼그레이 티를 우려 마신다. 매일 아침 건강을 위해 최고급 유기농 채소를 접시에 담고, 17년산 발사믹 식초로 만든 드레싱을 뿌려 먹는다. 한 번 사는 인생이기에 소중한 삶을 위해 최소한의 소유물에는 돈을 아끼지 않는다."

여러 가지 수식어로 표현된 이런 일상에서는 어떤 라이프스타일을 떠올릴 수 있을까? 얼핏 보면 미니멀라이프 같기도 하고, 다른 관점에서 보면 욜로 같고, 언뜻 웰빙의 느낌이 들기도 한다. 어쨌든 뭔가 복잡하게 혼재된 듯한 이 일상에는 2000년대 초반에 열풍을 일으킨 웰빙부터 코로나 시기에 뜨겁게 달아올랐던 욜로와 소확행 등 처음 시작했을 때의 의도와는 달리 트렌드가 되면서 본래의 의미를 상실한 여러 라이프스타일이 담겨 있다.

우리 삶에 '행복'이라는 화두를 던지고, 그것이 본격적인 키워드가 되어 사회 전반에 영향을 끼친 것은 내 기억 속에서는 '웰빙Well-Being'이 처음이었다. 별다를 것 없는 일상에 만족하고 행복감을 느끼며 사는 것이 본래 웰빙의 정의였다. 국민소득이 높아지고 세기말의 불안을 지나 새로운 세기, 새로운 삶에 대한 더 근본적인 안녕을 추구하려는 욕구가 웰빙 열풍의 근원에 있었다.

행복을 찾기 위한 값비싼 방법론들

이후에도 이와 유사한 행복의 키워드는 조금씩 다른 이름으로 명맥을 이어왔다. 물질을 축적하는 욕구에서 벗어나 정말 필요한 것만을 소유하며 내면을 채우겠다는 미니멀리즘이나 평범한 일상에서 소소한 행복을 느끼자는 소확행, 그리고 한 번 주어진 인생을 제대로 잘 살자는 취지의 욜로 등 저마다 조금씩 결이 다른 듯하지만, 궁극적인 목적은 모두 '일상에서 찾는 평범한 행복'이다. 이렇듯 '행복'과 연관되어 계보를 이룬 여러 화두의 기본 취지는 매우 소박하고 순수했으며 이상적이었다.

시기를 막론하고 행복에 관한 주제가 사멸하지 않고 꾸준히 삶의 화두로 떠오르는 이유는 그 이면에 과시와 허영, 그리고 외면만을 좇는 삶에 대한 피로감이 있었기 때문이다. 또한 그것은 행복에 대한 순수한 갈망이 꾸준하게 지속됨에도 인간의 허세와 과시욕 또한 줄어들지 않았다는 방증이기도 하다.

하지만 이런 키워드가 대중에게 널리 퍼지면 퍼질수록 물질에만 치중하는 현대사회에 대응하려 했던 본래의 철학은 희미해진다. 오히려 이 모든 키워드가 행복이라 이름 붙은 거대한 산업의 중심에 자리 잡는 아이러니한 현상이 일어나기도 했다. 웰빙도 소확행도 미니멀리즘도 결국 마케팅 용어로 자리잡아 소비를 부르는 키워드로 변질되고 말았다.

물질에서 벗어나 내면에 집중하자는 행복론이 도대체 어떻게 물질을 통해 이윤을 남기는 자본주의 시장의 목표물이 될 수 있었을까? 행복을 위한 삶의 방법은 무척이나 다양하고 주관적이며, 열거한 행복론은 수많은 방법 중 하나일 뿐이다. 하지만 이러한 화두가 대중의 관심을 얻어 트렌드가 되면서 극단적으로는 웰빙과 미니멀리즘, 소확행, 욜로의 방식대로 살지 않으면 행복을 얻을 수 없다고 여겨지게 되었다.

'밴드왜건 효과'는 이러한 현상을 뜻하는 용어다. 대열의 선두에 서서 악대를 이끄는 마차를 보고 사람들이 홀린 듯 목적 없이 따라가는 것처럼, 재화든 문화든 행복의 키워드든 무언가가 다수에게 영향을 미치면 개인적인 가치관과 상관없이 맹목적으로 따르는 현상을 일컫는다. 이 용어를 처음 사용한 미국의 경제학자 하비 레이번슈타인은 '모든 사람이 이렇게 생각하고 있다' 또는 '모든 사람이 이렇게 행동하고 있다'라는 문화적 강압이 '그러니 너도 따라야 한다'라는 논리로 대중을 설득한다고 말한다.

맹목적인 대중의 반응은 무언가를 놓치는 상실감과 소외되는 것에 대한 두려움에서 비롯된다. 뼛속까지 사회적인 우리 인간에게는 외면당하고 섬처럼 고립되는 데 불안함을 느끼는 본성이 존재하며, 이는 무척이나 자연스러운 일이다.

그리고 선험적 본능이 때로는 인간을 더욱 관계지향적으로 만들고, 사회의 일원으로 살아가기 위한 자극제가 되는 긍정적인 영향을 미치기도 한다.

문제는 자신의 의지와 개성이 결여된 채 사회의 흐름에 편승하는 행위가 과열되었을 때 나타난다. 그리고 과열이 낳은 왜곡의 중심에는 언제나 마케팅이 검은 장막처럼 버티고 있다.

행복에 다가가는 소비적 방법론

근본적인 철학이 사라진 채 맹목적인 추종자들이 따르는 가운데 이들 라이프스타일은 이름만 적절히 붙인 또 하나의 브랜드가 되었다.

눈에 선명하게 보이는 이미지, 단순하고 명쾌한 메시지가 성패의 관건이 되는 브랜드 시장에서는 추상적이며 사유적이고 개인의 가치관에 따라 다양한 해석이 가능한 이 행복론을 지엽적이고 정형화된 개념으로 변질시켜 훌륭한 마케팅의 수단으로 활용했다.

평범한 음식에 약간의 유기농 식재료가 첨가되거나 천연 재료가 1퍼센트만 더해져도 웰빙 상품이라는 이름을 붙이고 타제품보다 더 비싼 가격을 책정한다. 미니멀리즘이라는 이미지를 십분 활용해 최대한 장식을 배제한 상품이 유행을 타면서 아예 관련 브랜드 제품으로 집을 빈틈없이 채운 맥시멀리스트의 사진이 번져나갔다.

미니멀리즘을 추구하는 이들이 모인 인터넷 카페에서는 누가 더 많이 버리는지, 누구의 거주 공간이 더 텅 비었는지를 경쟁적으로 보여주는 웃지 못할 상황도 벌어졌다. 내면을 비우고 삶을 변화시키자는 궁극적인 철학이 사라지고 비움마저 과시하는 왜곡이 일어난 것이다.

욜로나 소확행은 자본 시장에서 더 좋은 먹잇감이었다. '한 번 사는 인생을 제대로 살자'라는 의미의 욜로(You Only Live Once)는 본래 인간에게 주어진 삶을 충분히 즐기며 자신이 좋아하는 일에 열정을 다하자는 의도를 담은 용어였다. 하지만 인스타그램을 비롯한 각종 소셜네트워크를 통해 이 용어가 급속도로 확산되면서 '한 번 사는 인생을 폼나게 살자'

라는 의미로 변질됐고, 미래를 생각하지 않고 비싼 여행이나 명품을 구매하며 재산을 탕진하는 과시로 이어지는 경우도 심심찮게 나타났다.

코로나 시기에 뉴스에서는 연일 소확행을 언급하기 시작했다. 암울한 상황으로 불안함과 절망감에 빠진 이들이 재산을 모으기 위한 저축 대신 비싼 명품 가방이나 브랜드 옷을 구입하는 사례가 많아져 불황에도 명품시장은 여전히 호황을 누리고 있다고 보도했다. 실제로 20~30대의 젊은 층에서 파인다이닝이나 오마카세, 고급 위스키 브랜드를 찾는 경우가 훨씬 많아졌다고 한다.

이런 보도를 보고 들을 때마다 우리가 좇아온 '작은 행복'은 무엇이며 그 기준은 어떻게 정해야 하는지 고개를 갸웃거리게 된다. 행복에 관한 이 용어들은 상품의 매출을 올리기 위한 편리한 수단일 뿐일까? 혹은 이런 라이프스타일을 실천함으로써 행복에 대한 역량과 기술을 갖추고 있음을 보여줄 수 있는 자격증과 같은 것일까?

행복을 얻기 위한 이론과 방법 같은 '테크닉'이 난무하는 세상에서 유행하는 라이프스타일을 따라가는 사람들은 어떤 생각을 했을까. 그저 따라 하다 보면 행복해질 수 있을 거라는 별다른 고민 없는 희망을 가졌을까, 아니면 행복이라는 키워드에는 둔감하지 않았으니 인정받으려는 욕구는 충족하며 살고 있다는 만족을 느꼈을까. 하지만 행복을 위한 방법 과잉 시대임에도 우리나라의 행복 지수는 늘 OECD 국가 중에서도 하위권에 머물러 있고, 자살률은 세계 1위에서 벗어나지 못하고 있으니 너무나 안타깝고도 아이러니한 일이다.

평범한 일상을 사랑하는 노력

과연 '작지만 확실한 행복'을 의미하는 소확행은 분노를 표출하듯 비싼 물건으로 마음의 습기와 결핍을 달래는 행위를 의미하는 걸까.

소설가 무라카미 하루키의 에세이 『작지만 확실한 행복』에서는 작은 것이 작은 마음을 즐겁게 한다며 작은 행복에 대해 "서랍 속에 반듯하게 개켜진 깨끗한 팬츠가 쌓여 있다는 것, 산뜻한 면 냄새가 나는 흰 러닝셔츠를 머리부터 뒤집어쓸 때의 그 기분"이라고 이야기한다.

중국의 문명비평가 린위탕의 책 『생활의 발견』에서도 행복을 "맛있는 음식을 먹고 안락의자에 앉아 좋은 사람들과 즐거운 이야기를 나누는 것"이라 이야기하기도 했다.

두 작가가 이야기하는 행복 그 어디에도 물질과 연관된 글귀를 찾을 수 없다. 오히려 허무함이 느껴질 만큼 지극히 평범한, 우리가 매일 경험하는 일상을 행복이라 정의한다. 그들은 행복이란 값비싼 재화와 같은 물질적 비범함이 아니라 평범한 일상을 비범하게 바라보는 우리의 자세에 달려 있음을 강조한다.

이 시점에서 웰빙으로 다시 돌아가야 할 것 같다. 웰빙은 'being'에서도 볼 수 있듯 완결된 것이 아닌, 계속 진행되는 지속적인 존재 방식을 의미한다. 어떠한 생활방식이든 그것이 과열되거나 왜곡되거나 싫증 나지 않고 우리에게 천천히 스며들어 지속되기 위해서는 한순간의 자극이 아니라 지극히 평범하고 일상적이어야 한다. 매운 마라탕과 다디단 탕후루에 매료되어 있다가도 결국 매일 먹는 집밥에 "바로 이 맛

이지"라며 행복해하는 것처럼 말이다.

웰빙 상품과 유기농 식품을 열심히 챙겨 먹는 사람이 되거나, 엄청난 물건을 비워낸 미니멀리스트가 되는 것, 혹은 폼나게 사는 욜로족이 되는 것은 우리의 행복에 그다지 좋은 영향을 주지 못한다. 유행하는 라이프스타일을 좇지 않더라도 나의 가치관과 내면에 대해 끊임없이 성찰하는 것, 별다를 것 없는 보통의 삶이라도 그 인생을 사랑하는 것이 진짜 행복할 수 있는 길이다.

숲속 호숫가에 통나무 집을 지어 생활했던 『월든』의 작가 헨리 데이빗 소로는 이렇게 말했다.

"철학자가 된다는 것은 미묘한 생각을 하는 것도 아니요, 학파를 세우는 것도 아니다. 그것은 지혜로움이 시키는 대로 단순한 삶을 살며, 그 지혜를 사랑하는 것이다."

이 문장에 행복을 대입해 볼 수 있을 것 같다.

"행복해진다는 것은 거창한 생각을 하는 것도 아니요, 대단한 방법론으로 사는 것도 아니다. 그저 내 작은 마음이 시키는 대로 단순한 삶을 살며, 그 평범한 일상을 사랑하는 것이다."

타인의 욕망을 더 강렬하게 욕망하도록

흥분된 시대일수록
유행은 급속도로 바뀐다.

◆

『파리를 떠난 마카롱』, 기욤 에르네

광고는 시대의 변화에 따라 다양한 매체를 타고 등장해 왔다. 영상 매체가 흔하지 않던 시대에는 주로 신문과 잡지 같은 지면을 통한 상품 홍보가 이루어지다가 텔레비전과 영화 스크린이 보편화된 영상의 시대가 찾아오면서 지금 우리에게 너무나 익숙한 PPL$^{Product\ Placement}$이 본격적으로 등장했다.

영상 속 소품이나 도구로 자연스럽게 상품과 로고를 노출해 시청자들이 무의식적으로 해당 제품을 인식하고 기억하게 만드는 PPL 전략은 대단한 성공을 거두었다. 어릴 적 명화 극장에서 봤던 〈부시맨〉 또한 내용은 희미해도 영화 속 코카콜라는 선명하게 기억하는 걸 보면, 영상 매체를 통한 광고의 힘은 참으로 대단하다는 걸 알 수 있다.

이제 방송은 광고의 홍수라고 해도 과언이 아니다. 영화와 드라마뿐 아니라 예능 속 모든 물건과 장소, 출연자가 입고 있는 의상은 노출되는 즉시 검색어에 오르고 매출이 급상승한다. PPL을 지나치게 남발하다 보니 사극에서도 시대에 맞지 않는 제품이 등장해 많은 질타를 받는 해프닝이 일어나기도 했다. 내용과는 전혀 무관한 제품과 로고에 포커스가 잡히며 드라마와 영화의 몰입을 방해함을 넘어 눈살이 찌푸려질 정도로 거슬리는 경우도 많다.

광고 시장은 스마트폰을 시작으로 터치스크린이 일반화되고 손바닥 안 작은 화면에서 언제든 시청할 수 있는 유튜브라는 새로운 플랫폼이 생기며 새로운 국면을 맞이했다. 10여 분 남짓의 짧은 영상에도 수시로 광고가 삽입되는 유튜브 영상은 크리에이터가 교묘히, 혹은 대놓고 광고 상품을 끼워 넣어도 크게 거슬리는 느낌이 들지 않는다.

스토리의 연결과 기승전결의 흐름이 존재하는 방송 프로그램과는 달리 대부분의 동영상 콘텐츠는 화장법이나 코디법, 레시피 소개나 살림 팁 등 한 가지 주제를 짧은 시간 내에 집약하는 것이 특징이다. 그래서 유튜브 영상은 딱히 줄거리나 맥락 없이 몇 개의 장면이 나열되고, 그사이에 자연스럽게 노출되는 다양한 상품들은 구독자로 하여금 자신이 시청하는 크리에이터와 비슷한 모습이 되기 위한 필수품으로 여겨진다. 오히려 이런 특징이 영상의 내용보다 상품에 더 집중하게 만드는 중요한 요소가 되기도 한다.

시청자들은 '나만의 힐링을 위한 시간'이라는 영상 속 크리에이터가 마시는 홍차 케이스와 포근한 침구, 따뜻한 분위기를 만드는 스탠드 조명, 그 옆에서 은은하게 수증기를 내뿜는 가습기에 집중한다. 그리고 영상 속 제품을 구매하면 자신도 힐링의 시간을 보낼 수 있을 거라 믿는다.

'부지런히 정리하며 보내는 일상'이라는 영상 속 정리 용품을 구입하면 자신도 스마트한 살림꾼이 될 수 있을 거라는 막연한 기대를 한다. 그러나 진정한 힐링과 부지런한 일상에 대한 기억과 다짐은 영상을 본 직후 사라져버린다. 짧은 영상만큼 기억의 지속 시간 또한 짧다. 그저 구독자는 영상 속 물건을 자신도 모르게 구매했을 뿐이다.

소비가 정체성이 되는 시대

프랑스 철학자 장 보드리야르가 개념화한 파노플리 효과 Panoplie Effect는 소비자가 어떤 제품을 구매하면서 같은 물건을 가진 사람 혹은 집단과 자신이 같은 부류가 되었다는 환상을 갖는 현상을 말한다.

각종 매체를 통해 수만 가지 소비 상품이 아우성치는 현대사회에서 소비 상품은 곧 소비자의 정체성이 된다. 그런 영상을 제작하고 사진을 찍어 올리는 크리에이터와 인플루언서는 자신이 의도하든 의도하지 않든 구독자와 팔로워에게 소비 상품을 소개하는 매개자가 된다.

백화점 매장을 지나가다 본 토스터기가 마음에 들어 다른 브랜드 제품에 비해 훨씬 비싼 가격에도 선뜻 구매하면서 소비자는 그것이 자신의 능동적 선택에 의한 소비라고 믿는다. 하지만 소비자와 소비한 물건 사이에는 그것을 원하도록 부추긴 매개자가 있다.

문화평론가 르네 지라르는 '욕망의 삼각형' 이론을 통해, 주체와 대상 사이에는 '중개자'라는 또 하나의 꼭짓점이 존재해 주체의 욕구를 자극한다고 설명한다. 즉, 우리가 원하는 것은 물건 자체가 아니라 타인이 욕망하고 타인이 사용하는 것이라는 의미다. 현대사회에서 중개자는 광고나 유튜브 영상의 크리에이터, 소셜네트워크의 인플루언서라는 다양한 형태로 나타난다.

영향력을 행사하는 사람이라는 의미의 '인플루언서'와 따르는 사람이라는 의미의 '팔로워'라는 명칭에도 내포되어 있듯 정보를 제공하는 이와 그 정보를 보는 이의 관계를 평등하고 능동적이며 쌍방향적인 관계라고 이야기할 수는 없다. 어쩌면 이런 관계에서 이야기하는 능동성 혹은 자유란 알고리즘이 추천해 준 영상을 보거나 보지 않을 자유, 시청한 영상에 댓글을 달거나 '좋아요'를 누르거나 누르지 않을 자유 정도에 그치는 것이 현실이다.

소통의 문제도 마찬가지다. 우리는 매체가 다양성을 획득하면서 소통이 점점 일방향이 아닌 쌍방향으로 진화했다고 믿는다. 물론 댓글이라는 매개 없이 방송국에서 송출하는 뉴스나 신문의 평론으로 세상을 수동적으로 접했던 시대와 비교하면 소비자는 다양한 경로를 통해 적극적으로 자신의 의견을 이야기할 수 있으며, 매체에서 접한 다양한 정보에 비평을 남길 수 있다.

    하지만 어떠한 정보에 댓글을 달고 공감을 누르는 행위를 진정한 의미에서의 자유로운 소통이라 말할 수는 없다. 소셜네트워크로 오고 가는 댓글은 영상과 사진을 통해 정보와 일상을 전달한 이와 그에 대한 짧은 글을 남긴 이 사이에 오고 가는 가볍고 단순한 의견 교환일 뿐이다. 크리에이터나 인플루언서라는 하나의 꼭짓점을 중심으로 수많은 사람이 선을 연결하고 있지만, 팔로워와 구독자 사이를 연결하는 선은 존재하지 않는다.

    한 사람이 전달한 정보를 나머지가 일방적으로 따르고 받아들이는 지극히 개별적인 행위에서 소통의 의미는 퇴색되어 버렸다. 이런 공간에서 현상과 정보에 대한 의견을 나누고 모으는 담론의 장을 기대하는 건 어려운 일일지도 모른다. 아이러니하게도 우리는 그 어느 시대보다 열심히 소통하지만, 모든 소통은 더욱 열심히 소비하는 결과로 이어질 뿐이다.

소비는 소유가 아닌 소모일 뿐

열심히 소비한다는 것은 곧 더 많은 소비를 하고, 기존의 것을 새로운 물건으로 더 자주 교체한다는 의미이기도 하다. 유튜브 같은 매체의 발달로 정보 전달 시간은 날이 갈수록 짧아지고, 우리를 흥분시키는 요소는 더욱 다양해졌다.

소비를 조장하는 영상은 하루에도 수백, 수천만 개씩 올라오며 얼른 낡은 것을 새것으로 바꾸라고 유혹한다. 우리는 점차 오랜 세월을 거쳐 손때 묻은 소유물, 나의 삶에 밀착될 물건을 경험과 깨달음을 통해 발견할 기회를 잃어버린다. 오늘 하루만 해도 알고리즘에서는 '평생 쓸 주방용품 추천'이라는 제목으로 제품 구매를 자극하는 온라인 쇼핑몰 서포터즈의 영상을 끊임없이 추천하고 있다.

독일의 철학가 발터 벤야민은 소유에 대해 "사람이 사물과 맺을 수 있는 가장 깊은 관계"라고 말했다. 말하자면 진정 누군가의 소유물이 된 사물은 오래 사용한 만큼의 영혼과 서사를 지닌다는 의미일 것이다.

현대사회의 소비자들은 유행에 따라, 그리고 타인의 욕망

을 욕망함에 따라 손에 넣은 물건을 나와 관계 맺은 '소유물'이라 착각한다. 그러나 소유에 대한 벤야민의 관점에서 보면 그 행위는 '소비' 혹은 '소모'일 뿐 사물에 대한 진정한 소유는 아니다. 오히려 벤야민은 "사물을 소유함으로써 사물로부터 상품성을 벗겨내는 시지포스적 과제에 헌신한다"라고 했다.

우리가 늘 새로운 것을 갈구하고 새로운 소비와 소모를 원하는 것은 어쩌면 자기 자신을 디지털 감옥에 가둔 채 그곳에서 제공하는 천편일률적인 정보로만 살아가고 있기 때문인지도 모른다.

영화 〈트루먼 쇼〉에서 트루먼은 자신의 세상이 전부 하나의 '상품'임을 깨닫고 허구의 세계를 창조한 제작자의 경고를 무시한 채 세트장이라는 거대한 감옥에서 웃으며 걸어 나간다. 우리 또한 자신이 소유한 사물과 깊은 관계를 맺기 위해 끊임없이 우리의 사고를 가두는 의미 없는 정보를 흔연히 무시하는 배짱이 필요한 때다.

옷으로 경쟁하고
차로 이겨서 행복하다면

상대적으로 자본주의 물결이 늦게 유입된
중국이나 러시아 같은 나라에서 브랜드에 대한 집착이
더 강력하게 나타난다.

◆

『누가 내 지갑을 조종하는가』, 마틴 린드스트롬

소녀 시절, 마음을 몽글몽글하게 만들어주었던 루시 모드 몽고메리의 소설 『초록지붕집의 앤』을 원작으로 한 만화영화 〈빨간 머리 앤〉을 보며 주인공 앤과 함께 예쁜 꿈을 키웠던 기억이 있다. 그때는 앤의 엉뚱하고 귀여운 모습을 보기 위해 늘 설레는 마음으로 방영 시간을 기다렸다. 모든 장면을 재미있게 봤지만 그중에서도 기억 남는 에피소드가 '퍼프소매'에 관한 내용이었다.

 고아원에서 자란 앤은 우여곡절 끝에 매튜와 마릴라 남매에게 입양되었다. 언제나 상상력이 풍부했던 앤은 그 시절 여성 사이에서 유행했던 아름다운 디자인의 퍼프소매 원피스를 입는 것이 소원이었다. 그러나 검약과 금욕을 중시하는 마릴라 아주머니는 소매가 풍선처럼 부풀어 오른 원피스를 입고 싶어 하는 앤에게 이렇게 말한다.

"저 바보같이 부풀어 오른 소매는 아마 나중에는 너무 커져서 문도 제대로 통과하지 못할 거다."

몽고메리가 원작 소설을 썼던 1800년대 후반은 퍼프소매와 코르셋이 상류층 여성들의 의복을 대표하던 시기였다. 만화영화에서도 평범한 가정의 여성들은 검소한 상의와 긴 스커트에 앞치마를 입고 살림을 하는 반면, 부유한 계층의 여성들은 레이스와 부풀린 소매가 달린 블라우스와 잘록한 허리가 강조된 스커트를 입고 있는 모습을 볼 수 있다. 의복은 예나 지금이나 계층을 구분하고 판단하는 주요한 수단이었다.

소스타인 베블런의 『유한계급론』에서는 인간의 계급을 드러내기 위한 중요한 수단으로 의복을 다룬다. 계급을 드러내기 위한 의복에서 비싼 가격은 기본 조건에 불과하며, 그보다 더 중요한 것은 의복 자체가 생산 활동에 적합하지 않은 불편한 형태에 실용성과는 거리가 멀어야 한다는 것이다. 의복의 불편함과 비실용성에는 생계를 위한 노동을 하지 않아도 풍요롭고 사치스러운 생활을 향유할 수 있는 재력을 지녔음이 내포되어 있기 때문이다.

그런 관점에서 여성의 의복은 생계를 위한 노동과 무관함을 드러내기에 적합했다. 베블런 시대 상류층 여성의 가장 큰 미덕은 노동하지 않고 한껏 꾸민 모습을 보여줌으로써 집안과 가족의 재력을 증명하는 것이었기 때문이다.

  상류층 여성들이 불편하게 걸치고 있는 호사스러운 장신구와 높은 굽의 신발, 몸의 움직임마저 부자연스럽게 만드는 코르셋과 과장된 소매는 가정의 명예를 높이기 위한 효과적인 소품이었으며, 값비싸고 불필요한 품목의 소비에 열중하는 건 남편의 지위에서 오는 여유로움을 과시하기 위해 오히려 권장되는 행위였다.

  영화 〈헬프〉에 등장하는 상류층 여성들이 집에서도 잔뜩 컬을 만 머리에 진주 목걸이를 목에 걸고, 몸에 밀착하는 드레스와 하이힐을 신은 채 화려하게 치장한 모습으로 가사 노동보다 카드놀이 같은 여가생활을 즐기는 것, 소설 『오만과 편견』에서 몸 선이 드러나는 드레스를 입은 채 의미 없이 남자들 앞을 걷거나 노래하고 춤추고 사교 파티에 참석하며 꼬박 하루를 보내는 건 여성들에게는 직업과 같은 의미의 '일'이었다. 과시는 그들에게 부여된 숙제이자 막중한 책무였으니 말이다. 그렇기에 여성들은 더욱 경쟁적으로 불편하고 과장된 모습으로 온몸을 치장할 수밖에 없었다.

의복을 통한 계급의 구분, 불편하고 비실용적일수록 더욱 열망하게 되는 여성의 과시적 소비가 국적과 시대를 관통하며 지속된다는 것을 간파한 베블런의 혜안은 무척 놀랍다. 시대에 따라 유행의 경향이나 의복의 형태는 조금씩 변해왔지만, 한 가지 경향이 유행하면 그 형태가 점점 극단적으로 과장되어 가는 방향성만은 공통적인 흐름이었다. 여성의 허리는 남성의 손에 들어갈 수 있을 정도로 가늘게 만들기 위해 코르셋으로 조여졌고, 하이힐의 굽은 캣워크의 모델조차 걷기 힘들 만큼 점점 높아져 킬힐이라는 명칭까지 붙었으며, 퍼프소매는 얼굴이 가려질 만큼 부풀었다. 마릴라 아주머니의 예언은 적중했다.

보여주기 위한 삶

사회가 발전하며 소득의 균형이 찾아오고, 많은 사람이

괜찮은 의복 한 벌 정도는 구매할 수 있는 시대가 되었지만 베블런의 혜안에서는 크게 벗어나는 것 같지는 않다. 오히려 불편하고 불필요할수록 열망하는 품목이 다양화되고, 그것을 과시할 수 있는 매체는 더욱 발전해 더 큰 파급력을 가지게 될 뿐이다. 그리고 시대를 막론하고 나타나는 흐름의 기저에는 결국 시기심과 경쟁심이라는 인간의 심리가 깔려 있다.

래퍼들 사이에서 시작되어 한참 동안 유행했던 것 중에 플렉스^{Flex}라는 말이 있다. '구부리다'라는 사전적인 의미가 있지만, 래퍼들 사이에서는 비싼 금붙이와 자동차 등을 과시하는 것을 통칭하면서 '부를 한껏 과시하는 행위'를 대표하는 단어가 되었다. 젊은 층에서는 이런 소비 행위를 '멋'으로 생각하며 추종하기도 하지만, 플렉스의 근본에는 역시나 의미 없는 경쟁심이 자리 잡고 있다.

방송에서 한 래퍼가 나와 이런 경쟁적 과시의 이유에 대해 "부러우면 지는 것"이라고 언급한 장면을 본 적이 있다. 누군가의 플렉스를 부러워하고 질투하는 것은 곧 '지는 것'을 의미하기에, 지지 않기 위해서는 그보다 더 크고 더 화려하고 더 눈에 띄어야 한다는 것이다.

몸을 건들거리며 랩을 할 때마다 얼굴을 마구 때리는 치렁치렁한 금목걸이는 격렬한 퍼포먼스에는 적합하지 않은 불편한 장신구임에도 한 겹에서 두세 겹이 되고, 한여름에 땀이 찰지언정 아랑곳하지 않고 겹겹이 걸쳐 입는 원색의 퍼코트는 점점 더 두껍고 화려해진다.

근본적으로 상대방을 깔아뭉개면서 자신을 더 부각시키는 속성을 가진 힙합 문화에 국한된 것이라 생각할 수도 있겠지만, 단순히 '지기 싫어서' 사들이는 플렉스, 필요에 의한 소비가 아닌 보여주기식 소비는 이미 모든 세대와 문화에 만연해 있다.

그러나 인간의 삶에서 가장 기본이 되는 의복과 같은 재화를 두고 경쟁한들 진정한 승리를 맛보기는 어려울 것이다. 아니, 이를 통한 승리가 이 시대에 상식적인지에 대한 근본적인 물음을 먼저 던져봐야 한다.

열등감과 시기심

누군가를 부러워하는 마음이 인생의 승패를 좌우하는 것일까. 아니, 인생에 승패가 존재하는 것일까. 물론 인간은 본능적으로 자신보다 뛰어난 능력이나 외모를 가진 이에게 열등감과 시기심을 느낀다. 하지만 그와 동시에 더 나은 상대와 동등해지거나 그를 넘어서기 위해 최선의 노력을 다하는 욕구도 존재한다.

여기서 발현하는 욕구를 승부욕과 경쟁심이라 정의할 수도 있지만, 이것은 편협한 경쟁심과는 원동력과 대상이 완전히 다르다.

심리학자 알프레드 아들러는 열등감과 부러움에서 비롯된 인간의 경쟁심이 오히려 인간의 능력을 발전시키고 더 성숙하게 만드는 원동력으로 작용할 수 있다고 말했다. 하지만 그가 말하는 진정한 성숙은 단순히 상대방을 밟고 누르려는 승부욕이 아니라, 그 방향성이 내면을 향했을 때 가능한 일이다. 즉, 경쟁심의 동기도 궁극적인 대상도 자신을 향해 있으면서 자신이 설정한 내적 기준을 충족시켰을 때만이 진정한 성취감과 승리감을 맛볼 수 있음을 의미한다.

의복을 비롯한 외적인 부분에만 치중하는 경쟁은 시대를 관통한 유행의 경향성만을 보더라도 늘 더 크고 화려하고 불편한 극단적인 변화만을 가져올 뿐이다. 그리고 그 끝에는 또 다른 유행으로 바뀌는 의미 없는 쳇바퀴만이 존재한다. 오로지 이기기 위해 불편할수록 더 불편하게, 비실용적일수록 더 쓸모없게 만드는 무의미한 치킨게임을 관전하는 듯하다.

목숨을 건 싸움처럼 사력을 다하지만 허무하게도 아무런 의미도 남기지 않고 사라진다. 아니, 오히려 의미를 찾고 싶지 않을 만큼 이상해 보여서 지난 모습을 삭제하고 싶을 정도다. 부러워서 지기 싫은 경쟁이라는 심지에 붙은 불은 의미 없이 녹아내리는 촛농만을 남길 뿐이다.

"부러우면 지는 것이다"라는 말은 반쪽짜리 정답이다. 부러움으로 인해 패배한 삶은 타인의 소유물을 시기하며 맹목적으로 더 비싼 것, 더 과장된 것에만 집착하는 삶이다. 만약 그 부러움의 시선이 타인의 기품과 성숙한 말투, 귀감이 될 만한 행동과 배려심에 머물러 있고, 그것이 자신의 성숙과 발전을 위한 노력으로 이어진다면 결코 지지 않는 이기는 삶이 아닐까.

　배우 윤여정이 영화 〈미나리〉로 아카데미에서 여우조연상을 수상하면서 남겼던 소감은 많은 사람들에게 울림을 줄 만큼 인상적이었다.

　"나는 경쟁을 믿지 않습니다. 우리는 각자 다른 영화와 다른 역할에서의 승리자예요. 우리는 각자 다른 역할을 했을 뿐이에요. 그렇기에 우리는 서로 경쟁할 수 없습니다."

　파워 숄더에 어깨 패드를 더 많이 넣는다고 해서 남들보다 더 당당한 건 아니다. 빨간 립스틱을 진하게 바르고 입술을 더 두껍게 바른다고 해서 더 섹시하거나 더 센 언니가 되는 것도 아니다. 진정한 파워는 자기 삶에 최선을 다함으로써 나오는 당당함과 성취감이 자아낸 아우라로부터 비롯된다.

　윤여정 배우의 말처럼 지지 않는 자리에 오르기 위해 헛된 에너지를 쏟기보다 '최중最重, 가장 귀하고 중요한'을 위해 늘 노력하는 자세로 삶에 임하자. 남보다 낫거나 못하다는 비교보다는 과거의 자신보다 낫거나 못한 현재의 자기 모습을 성찰하고 반성한다면 누구나 자신만의 삶과 가치관에서의 승리자가 될 수 있을 것이다. 누가 인정하지 않아도 말이다.

느슨한 금욕주의

우리는 이상적인 기준으로 삼은 집단에 속하기 위해
혹은 자기가 속한 집단을 보다 우월한 집단과 구분하기
위해 사물을 차이의 기호로 조작한다.

◆

『소비의 사회』, 장 보드리야르

때로는 명함이나 이력, 감투의 함정에 빠지는 경우가 있다. 병원에 가면 의사의 협회 회원 자격증이 벽에 빼곡히 붙어 있고, 아예 세계 방방곡곡 세미나에 참석한 사진을 대기실 벽에 빔프로젝트로 쉴 새 없이 쏘는 병원도 있다. 그중 대부분은 세미나 발표나 강의에 연사로 참여한 모습이 아닌, 세미나 이름이 새겨진 현수막을 배경으로 동석자와 함께 찍은 사진이니 그저 여행이 목적이었는지, 학자로서 진정한 학구열을 충족한 것인지는 알 수 없는 일이다.

물론 회원 자격을 취득하기까지 아주 까다로운 절차를 거쳐야 하는 권위 있는 협회도 있지만 기본적인 강의를 단 몇 차례만이라도 수강하거나, 혹은 일정한 비용을 내기만 해도 자격을 얻거나 유지할 수 있는 경우도 상당히 많다는 사실을 알고 있다.

전문직의 경우 자격증 같은 이력은 소비자에게 자신을 최대한 어필할 수 있는 하나의 브랜드와 같다. 그 때문에 자신을 소개할 때 최대한 눈에 띄는 다양한 경력을 내세우지만, 실상 그중 그들의 능력을 제대로 증명할 수 있는 건 아주 소수인 경우도 많다. 그럼에도 불구하고 이런 공략법은 대다수 사람에게 잘 먹힌다. 잘은 모르겠지만 뭔가 있어 보이기 때문일 것이다.

극장에 가면 영화 상영 전 광고를 보며 엄청난 시각적 규모의 예고편에 혹하기도 한다. 더불어 예고편 끝에 'OOO 영화 제작진 참여, OOO 감독 제작'이라며 대중적으로 잘 알려진 영화와 감독의 이름을 전면에 내세워 스크린을 가득 채우면 '분명히 이 영화는 믿고 볼 만할 것'이라고 확신하게 된다.

하지만 막상 관람한 후에는 예고편만 끝내주는 빛 좋은 개살구와 같은 영화였다는 사실에 씁쓸해했던 기억이 누구나 있을 것이다. 믿을 만한 제작진과 감독은 하나의 브랜드와 같기에 철석같이 믿었지만, 그 이름값이 비싼 표값의 전부였음을 깨닫는 경우를 경험한다.

양적으로만 팽창하는 기형적 삶

다양한 수단을 동원해 자신을 증명하려는 행위는 본질적으로 인간의 기본 욕구인 '인정 욕구'에서 비롯된다. 심리학자 에이브러햄 매슬로가 정의한 욕구위계이론에 의하면 사회적 인정은 자아실현이라는 최상위 욕구의 바로 아래에 있는 고차원의 욕구이기도 하다.

인간이라면 누구나 자기가 속한 분야에서 타인으로부터 긍정적인 피드백을 받길 원한다. 무언가에 최선을 다하려는 마음이나 자기 일에 느끼는 즐거움과 만족이 오래도록 지속되기 위해서는 사회의 인정이 연료처럼 주기적으로 공급되어야 가능하기 때문이다.

아무리 자존감과 내적 동기부여가 중요한 사람이라도 타인으로부터 받는 긍정적 강화는 더 큰 동기를 부여할 수 있는 중요한 동력이 된다. 타인의 평가는 인간을 움직이는 내적 동기에도 큰 영향을 미칠 만큼 누구에게나 중요한 문제다. 결국 우리는 자기 스스로 하나의 브랜드로 인정받고 기억되길 바라기에 어떤 의미에서 모두 관종인 셈이다.

욕구의 최상위 단계인 자아실현에 도달하기 위해서는 반드시 사회적 인정이 우선되어야 한다는 매슬로의 관점처럼, 인정 욕구가 건강한 방식으로 작용해 자기 발전을 위한 최선의 노력과 생에 대한 건실한 접근으로 이어진다면 우리는 더 높은 차원으로 올라설 수 있다.

하지만 평가받으려는 사람도 평가하는 사람도 점점 가치 평가의 무게 중심을 편하고 안이한 쪽에 두는, 에리히 프롬이 지적한 대로 이른바 '시장지향적 성격'에 잠식당한다면 삶의 질은 낮아지고 양적으로만 팽창하는 기형적인 구조의 삶을 살 수밖에 없다.

시장경제 원리에 따라 인간의 가치 또한 자격증이나 화려한 스펙 같은 양적 기준이나 외적 잣대에만 의존해 평가한다면 사회는 어떻게 될까. 사회 문제와 인간 내면의 갈등 구조를 깊이 있게 다루는 영화는 이른바 'OOO사단'이나 '천만 영화 제작진'을 내건 블록버스터에 밀려나 개봉관을 찾기조차 힘들어지고, 환자의 마음에 진심으로 공감하며 치료하려는 의사보다는 다수의 방송 출연 경력이나 벽을 가득 차지하는 자격증과 협회 회원증을 가진 의사만이 명의라고 명성을 떨칠지도 모른다.

다른 분야도 마찬가지다. 새벽 일찍 일어나 직접 농사지은 재료로 김치를 담그고 단골과 소통하며 오랜 기간 변하지 않는 맛을 유지하는 오래된 식당의 사장보다 해외 요리학원을 졸업하고 방송에 출연한 셰프를 더 훌륭한 요리사라고 할지도 모른다. 하지만 이런 기준은 함정에 빠지기 쉽다.

한 일타 강사는 인터넷 강의 수업을 신청할 때면 거의 수강생을 독식하고, 그 유명세로 다양한 방송에도 출연했지만 강의에 치명적인 오류와 허점이 발견되었던 경우도 있었다. 연예인이나 유명인이 책을 내면 대부분 출간하는 즉시 베스트셀러의 순위에 오르지만 책을 펼쳐 몇 장 읽는 순간, 그저 그들의 이름만을 내걸었을 뿐 평이하고 허술한 내용에 아까운 책값만 날렸다고 생각한 경우도 있었다.

시장지향적 가치에 따라 인간마저 상품 가치로 평가하는 시선의 굴절이 심해질수록 '유명한 것으로 유명한' 허명만을 좇는 공급자와 소비자만 늘어나고 우리의 삶은 질적으로 하향 평준화된다.

『어플루엔자』의 저자이자 심리학자인 올리버 제임스는

이런 현상이 심화할수록 인간의 내적 성찰은 점점 편협하고 한없이 가벼운 의미 없는 고민으로 대체된다고 말했다. '나는 어떻게 살아야 할까?', '어떤 가치관을 갖고 살아야 삶이 더 풍요로워질 수 있을까?'와 같이 선명한 해답은 없지만 인간에게 꼭 필요한 내적 고민보다 '내가 더 지적으로 보이려면 뿔테 안경이 나을까, 금테 안경이 나을까?', '내가 어떤 가방을 들어야 사람들이 나를 더 세련되게 생각할까'와 같은 문제가 선택을 내리기 훨씬 쉽기 때문이다.

하지만 성찰이 동반되지 않은 얕은 고민과 그에 따른 결과물은 결코 우리에게 만족감을 주지 못한다. 일시적으로나마 주변인의 관심과 선망을 끌 수는 있다 하더라도 내면에서는 공허함을 느낀다. 그리고 그 공허함을 채우기 위해 가볍고 무의미한 행위와 선택을 무한히 반복하는 가운데 마음의 습기로 눅눅해진 일상이 쌓이고 우리는 점점 지쳐간다. 사실 인간은 누구나 충만한 삶에 대한 갈증을 느끼고, 내면이 꽉 찬 삶을 통해 인정받고 싶다는 욕구가 있기 때문이다.

우리가 사용하는 모든 재화가 대중에게 인정받기 위해 브랜드의 이름을 걸고 끊임없이 어필하는 것처럼, 개개인 또한

사회적으로 인정받고 싶은 본능적 욕구를 채우기 위해 스스로를 훌륭한 1인 브랜드로 성장시키려는 노력을 기울인다. 그렇기에 우리가 특정 브랜드에 감동하고 공감하며 계속 찾게 되는 건 단순히 인플루언서의 인스타그램에 노출되어서, 혹은 한창 유명세를 누리기 때문만은 아니다. 그 브랜드 안에 스며들어 있는 철학과 가치관을 정립하기 위해 오랜 시간 들여온 정성을 알아차렸기 때문이다.

수명이 짧은 소모품 하나에도 대중에게 각인될 수 있는 메시지와 이미지를 심기 위해 수많은 인력이 투입되며 긴 시간을 연구한다. 하물며 평생을 사유하며 살아가는 인간 개개인의 숨겨진 가치를 알아차리고, 자신 또한 하나의 브랜드로서 가치를 얻으려면 얼마나 많은 시간과 정성이 필요한지는 너무나 분명하다.

분명 모두가 이러한 가치를 깨달을 수 있는 것은 아니다. 쉽고 편한 방식으로만 생각하는 사람들이 보지 못하는 이면을 꿰뚫어 보기 위해서는 내 삶에 깊이 침잠하는 연습이 필요하다. 자기만의 고유한 가치와 색을 발견하고, 그것이 선명한 정체성으로 정립되어 누군가에게 각인되는 삶을 살아가는 과정은 분명 많이 돌아가야 하는 번거로운 길일지도 모른다. 하지만 굽이굽이 돌아가는 길을 걸어가는 그 지난한 여정이야말로 투명하게 비어 있던 공란을 아름답게 채색하는 과정이자 삶의 즐거움과 가치, 그리고 충만함이 보물찾기처럼 숨겨져 있는 순간이다. 그 순간들을 경험하며 '나'라는 브랜드는 서서히 뚜렷한 윤곽을 드러내게 된다.

자기 자신이든 타인이든 내용이 아닌 반짝이는 외면, 혹은 겉으로만 그럴듯한 이름에 몰두하는 것은 우리가 가진 '사유'라는 인간 최고의 고유성을 스스로 저버리는 일이다.

나의 고유함을 드러내기 위해 세상의 값진 것을 삶에 갖추기보다 조용하고 심심한 산책, 내 마음속 파문을 일으킬 독서, 정성껏 내린 차 한잔에 몰두해보자. 그리고 플라톤이 비유했듯 컴컴한 동굴 속에서 벽에 그려진 그림자를 허상이라 믿으며 좇기보다 참된 것을 찾기 위해 동굴 밖이라는 조금은 두렵고 불편한 길을 걸어가야 할 때다.

내게 B학점을 요구한 학생

무릇 있는 자는 받아 풍족하게 되고
없는 자는 그 있는 것까지 빼앗기리라.

◆

「마태복음」 25장 29절

일상에 몇 안 되는 여가 생활 중 하나는 집 근처에 길게 펼쳐진 하천을 따라 조성된 산책길을 걷는 것이다. 얕은 천이지만 오리와 왜가리, 백로, 잉어가 헤엄치고 노니는 맑은 실개천이 흐르는 소리, 물줄기를 따라 양쪽으로 무성하게 우거진 나무와 풀꽃이 바람에 흔들리는 소리를 들으며 걷다 보면 풀어지지 않던 마음속 응어리가 자연스럽게 풀어지며 정리되는 듯한 느낌이 들곤 한다.

초록 풍경을 거니는 자체도 행복하지만 일주일에 적어도 사나흘은 정해진 일과처럼 하천을 걷는 이유는 따로 있다. 한결같이 같은 장소, 정해진 코스지만 계절과 날씨에 따라 늘 다른 모습으로 나를 반겨주기 때문이다. 하천 길은 도심 속 황홀한 정원이다. 계절의 흐름에 따라 관목에 꽃봉오리가 맺히고, 좋아했던 꽃이 피었다 시들 때쯤이면 여지없이 새로운 풀꽃이 피어나 지루할 새가 없다.

크고 작은 꽃들이 피어 있지만 그중 이름을 알고 있는 건 거의 없었다. 처음에는 그저 새로이 피어난 꽃을 보며 즐거워하는 것으로 만족했지만, 비록 유명하지 않은 꽃일지언정 저마다 뚜렷한 개성을 갖고 고운 색과 단아한 자태로 매일 내게 인사하는 풀과 꽃의 이름이 궁금해졌다. 이름을 모른 채 지나쳤던 존재들이 하나하나 내 마음속에 새겨지기 시작한 것이다.

눈을 크게 뜨고 가까이서 들여다보지 않으면 꽃이라고 인지조차 할 수 없을 만큼 조그마한 보라색 꽃마리, 귀여운 노란색 꽃을 여기저기 피우며 하늘하늘 노오란 군락을 이루는 애기똥풀, 그 외에도 이름 모를 꽃들은 하나둘씩 개망초, 천궁, 곤드레꽃, 고들빼기꽃, 참나리, 닭의장풀, 은방울꽃, 금계국 등 저마다의 이름으로 불리게 되었다.

풀꽃의 이름과 그들이 간직한 고유한 아름다움이 머리와 가슴에 저장되니 무더위가 기승을 부리는 여름이든, 함박눈이 펑펑 내리는 추운 겨울이든 상관없이 계절에 따라 변해 가는 풍경을 놓치고 싶지 않다는 욕심에 자연스럽게 운동화

끈을 묶고 산책길로 향하게 된다. 굳이 나를 봐달라고 아우성치지 않아도, 아름답다며 뽐내지 않아도, 어린 왕자의 장미꽃과 같이 나와 인연을 맺은 풀꽃의 고운 모습과 이름을 잊지 않고 새기려 다음 날도, 그다음 날도 산책을 나선다.

이름값과 얼굴값

과거에는 존재조차 몰랐던 들꽃의 이름을 머릿속에 새기듯 부르다 보면 이름값과 얼굴값의 진정한 본질이자 가치가 바로 이런 게 아닐까 싶다. 어릴 적 친척 모임에 가면 어른들이 텔레비전 속 연예인을 보며 "쟤는 얼굴값 한다"라고 이야기하거나, 덕담을 건네며 "사람은 살면서 자신의 이름값을 해야 한다"라고 말하는 걸 종종 듣곤 했다. 솔직히 어린 나이에는 그게 무슨 의미인지 정확히 알 수는 없었지만, 공부든 직업이든 무얼 하든 그들이 기대하는 만큼의 성과를 내야 한다는 말이 아닐까 하고 은연중에 짐작했다.

흔히 이름값을 말할 때는 대중에게 알려진 유명인에게서

그에 부응하는 품행을 기대하는 것을 의미한다. 얼굴값도 마찬가지다. "멀쩡하게 생겼으면서 영 얼굴값을 못한다"라는 말처럼, 많은 사람이 호감 가는 인상이나 준수한 외모를 가진 사람에게는 생김새에 걸맞은 반듯하고 훈훈한 말과 행동을 기대한다. 행여 그 대상이 기대한 만큼의 성과를 내지 못했거나 기대했던 이미지와 일치하지 않는 언행을 할 때면 실망의 감정이 생기고, 그 실망은 분노로 번지기도 한다.

연예인이나 정치인 같은 사람들은 이러한 이름값과 얼굴값에 대한 대중의 기대를 한 몸에 받는 대상이자 때로는 가장 큰 희생양이 되기도 하다. 특히나 소셜네트워크를 통한 소통과 정보의 영향력이 무서울 만큼 커진 요즘에는 그들에게 고정된 이미지와 콘셉트를 덧씌워 대중이라 불리는 다수의 기대에 정확히 부합하는 삶의 모습을 보여주길 바란다. 그리고 이름값과 얼굴값에 충실한 모습을 연출하는 대상에게는 찬사를, 반대로 그에 미치지 못하는 사람에게는 무차별적인 악성 댓글과 견디기 힘든 비난이 쏟아지곤 한다.

때로는 연예인이나 정치인이 대중에게 각인되고 싶은 이미지를 만들어 관심을 끌기 위해 노력하기도 한다. 요즘에는 밉상이나 궁상처럼 그들에게 부여된 콘셉트가 그 바닥에서 생존하게 하는 중요한 수단이기 때문이다.

이미지를 창조한 최초의 주체가 대중이었든 당사자였는지 간에 그들이 짊어져야 하는 이름값과 얼굴값은 본인의 본모습보다는 작위적으로 만들어진 허상이며, 다른 누군가가 기대하는 대로의 수동적인 삶이라는 점에서는 결국 그들이 짊어져야 하는 짐의 무게는 같다.

대중의 관심이 존재 이유인 이들에게는 이러한 부담과 고통은 어쩔 수 없이 감내하고 감수해야 하는 부분일지도 모른다. 하지만 그들과는 달리 평범한 삶을 살아가는 이들이라고 허상이 억누르는 부담에서 자유로울 수는 없다. 기대치의 밀도와 규모가 다를 뿐, 우리 모두 누군가의 관심과 기대를 먹고살며 그 기대에 응하기 위해 노력하며 살아간다.

사실 타인이 내게 부여한 '상像'은 우리의 성숙과 발전, 정체성의 확립에 중요한 자극으로 작용한다. 인정받기 위해 노력하는 과정을 통해 스스로 인지하지 못했던 모습을 발견하기도 하고, 그것을 더욱 발전시키려 노력하는 가운데 성장하기 때문이다.

하지만 자신의 본성과 의지, 희망과 무관하게 가족을 비롯한 타인이 "너는 이랬으면 좋겠다"라며 인위적으로 만들어낸 이미지는 부담을 넘어서 강요 이상의 폭력으로 작용하기도 한다. 타인의 시선을 의식하며 만든 작위적인 페르소나가 덮고 있는 얼굴 위 딱딱한 가면은 내 고유의 표정을 억지로 성형하듯 누르고 있기에, 늘 불편하고 힘겨워 벗겨내고 싶어진다.

그 불편함이 평생 족쇄처럼 나를 억누른다면 우리는 자기 삶을 살 수 있을까. 강하고 예민해 보이는 외모와 인상을 가졌다는 이유만으로 본래 선한 품성의 배우가 늘 악역만을 연기하도록 강요받으며 느껴야 하는 괴리감처럼 자신의 본성과 희망과는 동떨어진 삶을 강요받는다면, 자칫 왜곡된 자아의식을 갖거나 불행한 결과를 낳을지도 모른다.

내게 B학점을 요구한 학생

대학에서 강의하며 만났던 한 의대생은 아버지와 할아버지까지 대대로 의사였던 집안에서 자랐다. 그의 진짜 꿈도 의사였는지는 모르겠다. 어쩌면 그 학생은 자신의 꿈을 스스로 생각해 본 적이 없었을지도 모른다.

하지만 내 수업의 기말시험에서 답을 절반도 채우지 못했던 그가 시험이 끝난 후에 보냈던 황당한 내용의 메일을 통해 그에게 의사라는 직업이 그다지 적합한 길은 아니라는 결론을 확실하게 내릴 수 있었다.

그가 내게 보낸 메일의 서두에는 거두절미하고 자신은 "B학점을 원한다"라고 적혀 있었다. 시험 결과를 비롯한 여러 항목을 취합했을 때 절대로 좋은 학점을 받을 수 없었던 그 학생이 무리한 학점을 예의 없이 요구하는 이유는 더욱 당황스러웠다.

자신은 대대로 의사였던 집안의 아들이며, 부모님을 비롯한 친지들까지 자신은 당연히 의사의 길을 걸을 것이라 믿고 있다는 내용이었다. 만약 학점이 제대로 나오지 않아 장학

금을 받지 못하면 집안에 먹칠을 하게 되니 높은 학점을 따야 한다는 것이 B학점을 요구하는 이유였다. 그뿐 아니라 그 학생은 자신에게 학점을 잘 주면 내게 맛있는 밥을 사겠다는 거만하고 무례한 내용까지 서슴없이 썼다.

메일을 읽은 후 가장 먼저 느낀 것은 학생의 태도에 관한 황당함과 분노보다는 상식적이지 않은 요구를 생각 없이 할 수 있는 근본적인 원인이 무엇일까에 대한 고민이었다. 집안의 내력을 이어가기 위해 아마도 그는 어렸을 때부터 계획된 포트폴리오 속에서 관리받으며 자랐을 것이다. 어쩌면 실기시험과 같이 주관적 평가가 가능한 부분에서 제대로 점수가 나오지 않았을 때는 내게 했던 것처럼 점수를 수정해 가며 학창 시절을 보냈을지도 모른다.

어쩌면 나 또한 어릴 적 친척 어른들에게 들었던 것처럼 그는 집안 식구들에게 "집안의 이름값에 걸맞게 반드시 의사가 되어야 한다"라는 말을 밥 먹듯이 들었을지도 모를 일이다.

나는 그 학생에게 D학점을 줬다. 내게 보낸 메일의 답장에는 "앞으로 수강하게 될 다른 과목에서도 특정한 학점을 요구할 생각이라면 그에 상응하는 성실한 노력을 한 후에 당당하게 요구하라"라는 당부의 말을 함께 보냈다.

집안의 기대에 따라 그 학생은 의대에 진학해 여차저차 의사의 길에 접어들었겠지만, 과연 그 뒤에 걸어야 하는 힘겹고 지난한 노력의 과정을 성실하게 걸으며 성장했을까? 그 학생이 진정한 꿈과 정체성을 찾을 수 있도록 가정에서 지지해줬다면 더 건강한 성인으로, 무얼 하든 떳떳하고 멋지게 해낼 수 있는 사람으로 성장하지 않았을까 하는 생각이 들었다.

나의 이름값

내 이름 '고명한'에는 부모님의 바람이 담겨 있다. 아버지가 갓 태어난 나의 이름 석 자를 지으셨을 때는 무조건 유명한 사람이 되라는 바람을 담은 것이 아니었다. 내가 어렸을 때만 해도 남자와 여자의 역할 구분이 비교적 뚜렷했다. 여자는 좋은 배우자를 만나 결혼해서 가정을 책임지는 주부로의 삶을 사는 것이 정해진 인생의 진로인 듯 인식하던 시절에 아버지는 딸에게 남자 이름을 붙여, 어떤 일을 하든 스스로 당당하게 선택한 삶을 살기를 바랐던 것이다.

아버지는 이름 외에 나머지 삶은 온전히 내게 맡기고, 내가 선택한 길을 온 마음으로 지지해 주고 응원해 주었다. 행여 당신의 뜻과 맞지 않는 선택을 한다 해도 충분히 나의 의견을 들어주었고, 내 의견에 공감했다면 누구보다도 더 지원을 해주었다.

여전히 나는 대중에게 내 이름과 같이 '고명한' 대상으로 알려지지도 않았고, 평생 그러지 못할 가능성이 크다. 하지만 타인에 의해 억지로 의미 부여된 이름이 아닌, 내가 진정으로 원해서 선택한 길을 묵묵히 걷다 보면 산책길에서 만나 조금씩 알아가게 된 들꽃처럼 적어도 누군가에게는 특별한 이름값과 얼굴값을 하는 사람으로 서서히 각인될 거라 생각한다.

부모님이 주신 나의 얼굴, 그리고 나의 이름은 내 의지대로 아무렇게나 바꿀 수 없다. 하지만 정해놓은 대로가 아닌 내 고유의 색을 찾으려 노력하고, 나만의 가치관과 방향성을 찾으며 살아간다면 행여 타고난 얼굴은 내세울 만하지 않더라도 개성 있고 나름의 분위기로 각인될 것이며 수천 명, 수만 명이 가진 지극히 평범한 이름도 세상에서 하나뿐인 독특하고 고귀한 이름으로 기억될 것이다.

한 사람의 이름과 얼굴은 억지로 명함을 뿌리고 여기저기 얼굴도장을 찍는다고 해서 타인에게 각인되는 것이 아니다. 이름 없던 들꽃이 늘 그 자리에서 내게 말을 걸어 자신의 존재를 알렸듯 말없이 조용하고 묵묵하지만 힘 있고 묵직하게 다가오는 것이다.

3장

숲을 거니는 사람과
숲의 나무를 베는 사람

사회적 현실은
능동적 의미와 수동적 의미를 포함한
모든 형태의 모방이다.

◆

『모방의 법칙』, 가브리엘 타르드

대학마다 재학생과 졸업생이 이용하는 학교 커뮤니티가 있다. 내가 출강하던 학교에도 활성화된 커뮤니티가 있었는데, 몇 년 전 대입 수능 시험 결과가 발표된 후 게시판이 무척이나 시끌벅적했다. 그해 수능 시험 만점자 중 한 명이 이곳의 재학생이었고, 반년 동안 공부한 끝에 서울대 경영학과를 선택한 사실이 알려지면서였다.

자기와는 일면식도 없는 재학생이 다시 공부해서 원하는 진로를 선택했다는 사실에 왜 게시판 전체가 시끄러워지는지 의문이 들겠지만, 대다수 학생은 "수능 만점을 받았는데 당연히 의대를 선택해야지 왜 경영학과를 선택했는지 이해가 되지 않는다"라는 반응을 보였다.

처음 몇 명이 그런 댓글을 달았을 때만 해도 그에 대한 반론과 재반론이 더해지며 갑론을박의 형세가 될 것이라 생각했는데, 내 생각은 완전히 틀렸다. "그래도 자신의 가치관이 중요하다"라고 말하는 극소수를 제외한 대부분은 '당연히 의대를 선택해야지'라고 생각하고 있었다.

게시판을 뜨겁게 달구었던 댓글들을 읽어 내려가며, 이런 현상이 공부와 진학마저도 돈과 명예와 결부시키는 우리의 민낯이라는 생각이 들었다.

또 한편으로는 한창 미래의 삶에 대해 건설적으로 설계하고 꿈을 위해 노력할 시기에 있는 대학생들이 의사가 아닌 다른 직업에는 큰 의미도, 가치도 두지 않는다는 사실에 서글퍼졌다. 무엇이 아직 피어나지도 않은, 한창 꿈꾸어야 할 학생들이 이런 가치관을 갖도록 만들었을까. 그들이 의사가 될 수 없는 자기 미래에 대해 비관하게 된 이유는 무엇일까.

사실 우리나라에 의대 편중 현상이 나타난 것은 어제오늘의 일만은 아니다. 내가 고등학생이었을 때도, 그 이전부터도 의사는 안정적으로 고수익을 올리며 평생 부를 누릴 수 있으며 돈과 명예를 모두 가진 직업으로 많은 이들의 선망했다. 하지만 지금과 달리 그 시절에는 많은 이들이 꿈꾸는 다양한 진로가 존재했고, 전문직이 아닌 다른 직업을 통해서도 충분히 성취감과 안정감을 느낄 수 있다는 가치관을 가진 이들이 많았다.

사회가 발전하고 고도화되면서 우리가 택할 수 있는 직업군은 과거와 비교하는 것조차 의미 없을 만큼 더 다양해졌다. 그럼에도 특정 직업에 대한 가치가 지나치게 비대화되어 균형이 무너져 내렸다는 건 공부의 목적이 오로지 자본주의 사회에서 '돈'의 흐름을 좇는 것에 맞춰졌음을 시사한다. 진리를 탐구하고 삶의 깊이를 성찰한다는 공부의 태생적 목적은 더 이상 존재하지 않는 듯하다. 이제 학생들이 공부하는 유일한 목적은 '미래에 안정적인 부를 누릴 수 있는 능력과 가능성을 높이는 것'이 아닐까 하는 의구심이 확신으로 바뀌어갔다.

전 세계를 통틀어 교육열이 높은 나라로 손꼽히는 우리나라의 현재 교육 환경을 보더라도 문제의 심각성을 체감할 수 있다. 원래 유치원은 유아들이 기초 생활 습관과 또래와의 사회 활동을 배웠던 곳이었다. 그러나 소위 교육열이 높다는 지역의 유치원에서는 의대 진학을 위한 프로그램을 개설해 운영하고, 그것을 원생 유치의 주요한 홍보 수단으로 광고할 정도다.

대학의 인기 학과는 졸업 후 취업이 잘되고, 상대적으로 연봉이 많은 분야가 무엇이냐에 따라 시대의 흐름에 맞춰 늘 다르게 변해왔다. 그런 경향성을 가장 빨리 포착하는 보습학원에서는 과거에 최상위 반이었던 SKY반 위에 발 빠르게 의대반을 개설해 운영하고 있다. 밤을 새우며 공부한 끝에 대학에 진학하고서도 다시 대입을 준비하는 반수생, 혹은 N수생이 증가한다는 것도 이미 잘 알려진 사실이다. 그리고 그들의 재도전 목표는 대부분 의대 진학이다.

2010년대 후반부터 대학가 커뮤니티에서 사용한 협문(좁은 의미의 문과)이라는 신조어는 문학, 사회, 철학이라는 가장 전통적 문과 계열을 상대적으로 취업이 잘되는 편인 상경 계열과 분리해 경시하기 위해 사용되었다.

과거만 해도 문학, 사회, 철학은 학문의 요람인 대학의 존재 목적을 가장 상징적으로 보여주는 분야였다. 하지만 학벌 지상주의에 시달려가며 대학에 입학한 후에는 다시 취업률에 따라 학과를 줄 세워 상류와 하류를 구분 짓는 악순환이 반복되고, 하류로 구분된 분야는 그 줄의 끝에 힘없이 매달려 다른 학과생에게 무시당하는 형세가 되어버렸다. 여전히 선진국에서는 사고의 깊이와 학문의 근본을 다지기 위한 이들 분야가 가장 중요한 학문으로 인정받고 있음에도 말이다.

행복과 돈 사이 기울어진 균형추

자본주의의 큰 특징 중 하나는 경쟁이다. 경쟁을 통해 사회는 성장하고 팽창한다. 하지만 여기에서 파생되는 가장 큰 문제는 일관된 생산 질서와 체계 속에서 자율성이 함몰되는 심리적 궁핍화다.

철학자 장 보드리야르는 이런 현상에 대해 "성장 사회는 풍요로운 사회와는 정반대 사회"라고 말했다. 경제 성장의 질서 속에서 자율적 욕구는 존재하지 않으며 정신적 풍요로움을 배제한 채 오로지 경쟁을 통한 성장 욕구가 사회 전체를 지배하는 듯하다.

학문과 문화, 여가 같은 개인적인 욕구마저 '경쟁을 통한 부의 성장'이라는 사회 전체 욕구에 흡수될수록 개인의 심리는 궁핍하게 변해갈 수밖에 없다. 오로지 정해진 방향으로만 멱살 잡듯 우리를 끌고 가는 성장 사회에서는 심리적 풍요로움이나 다양성의 풍요를 누리지 못하고, 결국 심리적 결핍을 만든다.

분명 국가와 나를 둘러싼 모든 것은 성장하고 발전하는 것만 같은데 정작 개인은 늘 궁핍하고 우울한 것만 같은 아이러니가 사회를 지배한다. 『월든』의 저자 헨리 데이빗 소로는 이렇게 말했다.

"한 사람이 온종일 그저 숲을 즐기며 거닌다면 그는 빈둥거리는 게으름뱅이라고 손가락질을 받을 것이다. 하지만 투기꾼이 온종일 숲속에서 나무를 베어내어 산림을 파괴한다면 그는 부지런하고 진취적인 시민으로 존경받는다."

각자의 정체성과 고유성에 대해 성찰하기보다 오히려 그 시간에 생산적인 일을 하는 것이 미덕이라 여기는 사회상을 비판하는 말이다.

중장년층을 대상으로 하는 사회 기관의 교육 프로그램에서 중년의 정체성과 삶의 의미를 탐구하는 데 목적을 두는 프로그램은 모두 폐강시키고 취업으로 연결이 가능한 프로그램만을 운영하는 것, 대학교에서 학문의 근본인 문학, 사회, 철학이 경시되고 취업과 소득에 유리한 학과만을 육성하는 현상 모두 이러한 사회상이 극명하게 드러나는 예다.

오로지 자본으로 연결이 가능한 생산성에만 매달리는 사회의 획일적인 분위기는 어찌 보면 자신의 취향과 개성을 무시하고 맹목적으로 유행만을 좇는 패션 빅팀Fashion Victim의 확장형이라고 볼 수도 있다.

행위는 달라도 숲을 거니는 사람이든 숲의 나무를 베는 사람이든 자기 삶의 궁극적 목적을 묻는다면 둘 다 "행복하기 위해"라고 대답할 것이다. 대학생들에게 의대 진학에 목매는 이유를 물어보면 돌아오는 대답은 "돈을 많이 벌기 위해서"일 것이다. 그들이 그렇게도 돈을 많이 벌고 싶은 가장 궁극적 이유를 계속 파고들다 보면 결국 답은 행복한 삶을 꿈꾸기 때문이다.

하지만 물질적 풍요만이 행복에 도달하기 위한 유일한 수단일까. 물질이 행복을 결정짓는 여러 요인 중에서도 하위 요인에 불과하다는 사실은 복권 당첨자들의 당첨금 수령 이후의 삶에 대한 추적 조사나, 죽음을 앞둔 호스피스 병동 환자들에 관한 연구 등 이미 여러 연구와 사례를 통해 밝혀진 바다.

복권 당첨자들은 하루아침에 어마어마한 돈이 생겼지만 복권 당첨 이후 그 이전보다 불행해진 경우가 많았고, 죽음을 앞둔 환자들에게 살면서 가장 후회되는 일을 물었을 때의 답은 "돈을 더 많이 벌지 못한 것"과 같은 물질적이고 실용적 가치가 아닌 "가족과 나에게 더 집중할 걸 그랬다"와 같은 내면적인 부분에 초점이 맞춰져 있었다.

대학에서 내 강의를 수강했던 한 법대생은 만난 지 십수 년이 지난 지금까지도 떠올릴 때마다 나를 미소 짓게 한다. 로스쿨이 없던 당시 법대는 학교를 대표하는 수재들이 모인 학과였다. 꼭 사법고시에 합격해 판검사가 되지 못해도 얼마든지 대기업에 취업하거나 경제적 풍요를 누릴 수 있는 선택지가 있었던 환경이었다.

그 학생은 우연히 봉사활동에 참여하게 되면서 늘 가지고 있었던 학업 스트레스와 1등이 아니면 안 된다는 강박에서 벗어나 비로소 온전히 숨을 쉬며 살고 있음을 느꼈다고 한다. 졸업 후 그 학생은 누구나 부러워하는 법조계나 대기업이 아닌, 작업 환경과 복지가 상대적으로 열악한 사회복지사의 길을 선택했다.

자신이 선택한 삶을 살아가는 그녀와 다시 연락이 닿은 적이 있다. 비록 일은 고되고 직업상 빈곤층이나 장애인을 만나면서 마음 아프고 힘겨운 날이 많지만, 자신의 선택에 후회를 느낀 적 없으며 보람된 인생을 사는 것 같다며 웃었다. 그 말을 하는 그녀의 표정은 대학생 때보다 더 순수하고 밝았다.

행복의 본질에 대한 질문

타인의 시선이 아닌 자신의 시선, 생산성이 아닌 자율성, 성장보다는 풍요로 삶의 방향을 돌려 자신이 원하는 모습으로 움직이는 사람은 때로 불가피한 타성과 후회가 찾아온다고 하더라도 여전히 자신의 기준을 유지하며 살아갈 가능성이 크다. 반대로 누군가의 강압이나 부를 미덕인 양 여기는 사회가 원하는 대로 살아가는 사람은 지속적인 성취감과 동기가 건네주는 행복이라는 선물을 얻지 못한 채 살아갈 수도 있다. 무언가가 되는 것과 그렇게 된 모습으로 남은 삶을 살아가는 것은 다르다.

의사가 되는 것과 의사로서 평생을 살아가는 건 완전히 다른 영역이다. 타인에게 인정받을 만한 대단한 자격증을 취득했을 때의 성취감은 그때뿐이지만, 그를 통해 오래도록 충만한 삶을 영위하고 지속할 수 있으려면 획득이라는 차원을 넘어 자신을 늘 설레게 하는 본질적인 목적과 동기가 존재해야 한다.

큰돈을 들여 명품 만년필을 구입한 순간과 그 만년필로 계속해서 좋은 글을 쓰고, 사랑하는 이들에게 애정 어린 편지를 쓰며 느끼는 행복과 충만함이 물건의 가격이나 브랜드의 인지도에서 비롯되는 게 아님은 분명하다.

대학원에서 수업을 듣고 학술 논문을 쓰며 밤을 새우는 강행군 속에서도 새벽녘에 동이 트는 하늘을 바라보며 행복감과 해방감을 느꼈던 기억이 난다. 누가 억지로 시키지 않아도 내 의지로 기꺼이 밤새워 공부하고 그러면서도 더욱 열정을 쏟아 공부하고 책을 읽으며 즐거워했던 경험, 때로는 책 속 활자가 내 머릿속에 날아와 아름다운 악보의 음표처럼 새겨지는 느낌을 처음 경험했던 것 같다.

그때 한 공부는 좋은 대학에 가서 좋은 직업을 얻어 좋은 배우자를 만나 돈을 많이 벌기 위한 수단이 아니라, 행복하고 깊이 있는 삶을 살며 평생 즐기기 위한 것임을 깨달았다. 그리고 그날 나도 모르게 중얼거렸던 말은 지금도 내 삶의 지표가 되고 있다.

"인정받기 위해 살기보다 내 삶을 묵묵히 살아가는 것으로 인정받고 싶다."

우리가 평생 해야 하는 공부의 본질은 행복에 있다. 다만 끊임없는 평가를 통해 석차와 학점으로 등급을 나누는 제도 속에서 그 궁극적 목적을 잊고 있을 뿐이다. 그리고 그 안에서 살아남아 대학 진학을 한 이후에도 취업이라는 또 다른 벽에 부딪혀 그 본질을 깨닫지 못할 뿐이다.

하지만 우리는 행복을 위해 공부하며 대학 혹은 대학원을 졸업한 이후에도 공부하며 성장하고, 그를 통해 세상을 바라보는 안목과 성찰의 깊이를 더해나가야 한다는 사실을 기억해야 한다.

    가끔 사회복지사의 삶을 택한 그 학생은 어떻게 살고 있는지 궁금할 때가 있다. 여전히 그녀는 확신 어린 표정으로 행복에 관해 이야기하던 그 모습 그대로 살고 있지 않을까 생각한다.

    세월이 지난 만큼 나이 들고 눈가에 주름은 생겼을지언정 그 시절의 맑고 순수함이 남아 있는 동안의 얼굴과 보다 깊어진 삶의 지혜를 간직하고 있는 노숙함이 공존하고 있기를 응원한다. 그리고 자신이 선택한 대로의 삶을 묵묵히 살아가는 사람들을, 게으른 것이 아니라 누구보다 치열하게 삶의 행복에 대해 고민하며 나무만 빽빽하게 우거진 숲길을 굽이굽이 걷고 있을 모든 인생의 순례자를 응원한다.

미니멀리즘을 위한 소비

풍요가 하나의 가치가 되려면 너무 많은 풍요가 있어야 하며,
필요와 여분 사이에 중요한 차이가 유지되고
표면화되어야 한다.

◆

『소비의 사회』, 장 보드리야르

30대에 출산을 한 뒤 체중을 줄이기 위해 다이어트를 한 적이 있다. 하지만 내 체질과 체력에 적정한 몸무게, 적당한 식사량과 운동량을 제대로 알지 못한 채 체중만 줄이겠다는 목표로 다이어트를 하면서 많은 부작용을 경험했다.

지나친 식단 관리와 체력이 감당하지 못할 정도의 강도 높은 운동은 체중을 줄이기는 했지만 건강에는 오히려 악영향을 끼쳤다. 하지만 숨이 차지 않는 가벼운 운동을 하고 몸에 좋지 않은 단 음식을 주전부리로 먹으며 느슨하게 식단을 관리했더니 체중은 늘고 건강검진에서도 여러 가지 문제가 나타났다.

결국 내 몸에 맞지 않는 다이어트는 강도가 높은 경우나 낮은 경우나 똑같이 좋을 게 없다는 사실을 깨달았다. 가장 어려운 건 적정 체중을 제대로 알고 그 상태를 유지하는 것이라는 사실도 말이다.

생각해 보면 이는 건강한 몸을 만드는 데에만 적용되는 건 아니다. 건강한 마음을 위해서도 우리는 불필요한 생각과 과도한 욕구를 비워내야 한다. 마찬가지로 더할 것도 덜할 것도 없이 정돈된 마음을 유지하는 것이 질적으로 높은 삶이자 행복으로 가는 길이기도 하다. 문득 이와 관련해 『어린 왕자』의 저자 생텍쥐페리의 말이 떠오른다.

"완벽함이란 더 이상 더할 것이 없는 상태가 아니라, 더 이상 뺄 것이 없는 상태다."

더 이상 뺄 것이 없는 상태

다이어트에 대한 관점을 바꾸고 나니, 생텍쥐페리의 말 또한 다른 의미로 와닿았다. 수치상의 체중을 줄이는 것에만 열중했을 때처럼 한참 물건의 개수를 줄이는 것만 생각하던 때는 '더할 것'과 '뺄 것'이라는 단어에 집중했는데, 오히려 '상태'라는 단어의 숨은 의미에 밑줄을 긋게 된 것이다.

더하기와 빼기에만 초점을 맞춰 해석하다 보면, 생텍쥐페리가 말하는 '완벽함'은 결국 빼고 빼다가 아무것도 남지 않은 무無의 상태라고 착각할 수도 있다. 하지만 아무것도 없는 텅 빈 상태가 진정 완벽한 것일까.

다이어트도 그렇듯 우리의 삶을 충만하게 유지하기 위해서는 그것이 에너지든 물질이든 필요한 만큼은 반드시 남겨두어야 한다. 다다익선도 아닌 그렇다고 과유불급도 아닌 자신에게 정확히 딱 맞는 상태. 어쩌면 생텍쥐페리가 생각한 완벽한 상태는 물리적 개수를 따지는 것이 아니라 중용의 상태가 아니었을까 싶다.

미국의 경제학자 리처드 이스털린은 이런 관점을 뒷받침할 만한 연구 결과를 발표했다. 그는 1940년대부터 전 세계적으로 소득 수준이 엄청나게 증가했던 1970년대까지 여러 나라의 국민을 대상으로 소득 수준과 개인이 느끼는 행복도에 관한 조사를 진행했다. 그 결과 모든 나라와 지역에서 예외 없이 소득이 증가함에 따라 개인의 행복도도 높아졌다.

생활의 궁핍함에 따라오는 불안과 걱정이 소멸되면 자연스럽게 행복감이 늘어난다는 건 모두가 예상할 수 있는 결과였지만, 반전을 가져온 건 일정 수준의 소득에 도달한 이후였다. 모든 지역과 나라에서 예외 없이 소득이 적정 수준 이상 증가할수록 오히려 행복하다고 느끼는 사람의 비율이 감소한 것이다.

이른바 '이스털린의 역설'이라 불리는 이 연구 결과로 짐작할 수 있는 것은 행복이란 단순히 물질적 풍요와 빈곤으로만 가늠할 수 있는 것이 아니라는 것이다. 경제가 성장하고 소득이 증가할수록 행복도가 감소하는 이유는 주변과의 비교를 통한 상대적 박탈감이 증가했기 때문이다. 또한 욕구가 충족된 이후에는 물질적 풍요로 인한 행복에 무뎌져 그보다 더한 자극과 욕구를 갖게 됨을 의미한다.

결국 이스털린의 역설은 인간에게 물질이란 너무 적어도, 또는 너무 많아도 행복을 느낄 수 없으며 자신에게 필요한 적정 수준으로 소유하는 상태가 가장 만족감과 행복감을 지속할 수 있다는 것, 그리고 그 '적정 수준'을 결정하는 건 각자가 얼마나 능동적으로 욕구를 다스릴 수 있는지에 달려 있다는 사실을 알려준다.

욕구 다스리기

과거에 즐겨 보던 예능 방송 중에 소소한 삶을 즐기며 혼자 살아가는 연예인들의 일상을 다룬 프로그램이 있었다. 방송 초반에는 소박한 일상에서 작은 즐거움을 느끼는 가운데 자기 삶에 최선을 다하는, 가끔은 외롭고 궁상맞아도 천천히 성장해 가는 출연자들의 모습에 공감대를 느끼며 즐겨보곤 했다.

그러다 어느 순간부터 출연자들이 집 안을 불필요한 물건들로 가득 채우고 한껏 화려하게 꾸며놓은 모습을 보여주기 시작했다. 새로 이사한 집을 휴양지처럼 꾸미겠다며 현실에서는 전혀 필요하지 않은 이국적인 소품과 가구를 줄줄이 들이는 모습을 보여주기도 하고, 파티에 입을 용도로 전혀 어울리지 않는 전위적인 디자인의 의류를 비싼 가격에 구매한 에피소드를 털어놓기도 했다.

요즘 유행한다는 디자인의 비싼 가구들을 마구 사들이는 출연자의 에피소드도 있었는데, 그는 자신이 구매한 가구며 장식품을 배치하고 조립하느라 고군분투했지만 결국 기존의 분위기와 전혀 어울리지 않아 허탈해하는 모습에 함께 출연한 연예인들은 웃음을 터뜨렸다.

솔직히 시청자의 관점에서 자신만의 취향과 가치관 없이 유행이나 화제가 된다는 이유만으로 일단은 사들이고 보는 행동은 마냥 유쾌하게 웃으며 시청할 수만은 없는 일이다. 물론 방송이다 보니 시각적 에피소드가 필요했을 수 있겠지만 보여주기식의 여가 생활, 불필요한 물건의 과도한 소유는 일반 시청자와 유사한 환경이나 수준으로 공감대를 형성했던 초기 모습과는 너무 동떨어져 이질감을 느끼게 했다.

고소득의 연예인이 자기 재력으로 비싼 물건을 과도하게 소유한다는 사실로 그들을 비난할 이유와 자격은 누구에게도 없다. 하지만 작은 집에서 좋아하는 물건을 하나둘씩 구입하고 소중히 여기며 행복해하던 과거 모습과 비교해 성공한 이후 새로 이사한 큰 집에서 감당하지 못할 만큼의 물건으로 공간을 가득 채웠음에도 끊임없이 다른 물건을 탐하고 사들이는 일상에서 더 행복을 느끼는 것 같지도 않았다. 그저 한 에피소드를 과도한 소비와 우스꽝스러운 옷차림으로 때우려는구나 하는 아쉬움만 남길 뿐이었다.

방송에서 보여주는 그들의 삶은 행복보다는 화면에 비추는 연출된 행복의 과시가 더 우선시되는 듯 보였다. 만약 그 모든 물건이 삶에서 가치 있는 무언가로 그들의 개성과 일상을 빛내준다면 과도하거나 사치스럽게 보일지라도 그 소유물들이 불필요하거나 무의미하게 비치진 않았을 것이다.

집이라는 안식처는 며칠간 휴가를 즐기기 위해 떠나는 이국적인 휴양지도 아니요, 때마다 트렌드를 제안하는 가구 전시장도 아니다. 우리가 집에서 행복을 얻을 수 있는 건 내 삶에 정말 필요하며 나의 추억과 사연을 품은 물건들이 적시적소에서 선사하는 편안함 때문일 것이다.

방송 속 연예인들의 일상이 더는 빛나 보이지 않았던 건 이스털린의 역설이 주장하는 것처럼 적정한 수준을 넘었음에도 끝없이 샘솟는 욕구를 통제하지 못해 물건을 사들이지만 더 이상 행복을 느끼지 못하고 그 많은 물건과 삶 간에 연결고리를 형성하지 못하기 때문이었다.

소유는 행복에 별다른 영향을 미치지 않는다

또 다른 에피소드에서는 출연자가 그림을 그리기를 위해 역시나 지나치게 많은 미술 도구를 사들이는 모습을 보여주었다. 하지만 그리기에 몰두하는 가운데 자기도 몰랐던 재능을 발견하며 기뻐하는 모습에서는 불필요한 가구를 사들였을 때의 허탈한 표정을 전혀 찾을 수 없었다.

단순히 개수로만 헤아린다면 지나치다 생각할 만큼 많은 양이었지만, 그건 불필요한 잡동사니가 아니라 재능을 발견하고 발전시키며 행복을 느끼기 위해 필요한 도구였기 때문이다. 미술 도구를 사용해 그림을 그리는 그의 표정에는 생기가 돌았고 자신이 그린 그림을 지인들에게 선물하는 얼굴에는 행복감이 자연스럽게 배어 나왔다.

살림을 정리하는 영상에 출연한 한 주부는 자신을 '맥시멀리스트'라 불렀다. 그녀는 엄청나게 많은 그릇과 주방 도구로 주방을 빈틈없이 채우고 있었지만 자신이 소유한 그릇과 주방 도구의 종류와 개수, 위치를 수저받침과 같은 작은 소품까지 빠짐없이 정확하게 파악하고 있다.

해마다 여러 차례 제사를 치른다는 그 집에서 모든 물건은 필요한 것일 뿐, 사치품이나 잉여 물품이 아니었다. 게다가 그녀는 살림하는 삶과 삶을 돕는 물건을 기꺼이 즐기고 아끼고 있었다. 물건의 개수로만 따진다면 다른 이들이 보기에는 지나칠 수 있지만, 적어도 그녀의 생활 영역에서 그 많은 주방용품과 그릇은 어느 하나라도 지나치지도 않고 빠질 수도 없는 물건인 셈이다.

이와는 반대로 '미니멀리즘'이라는 라이프스타일이 트렌드의 중심에 있던 시절에는 저마다 경쟁적으로 그릇장이며 옷장 등 모든 수납공간이 텅텅 빈 사진을 찍어 소셜네트워크에 올리는 것이 유행했다. 그들에게는 미니멀한 삶이 마치 종교와도 같아서 공간이 더 많이 비어 있을수록 멋지다며 찬사를 보냈고, 그런 찬사가 이어지면 이어질수록 경쟁적으로 아무것도 없는 방과 집을 만들어갔다. 때로는 이런 사고방식에 취해 각자의 취향과 생활방식을 무시한 채 물건을 많이 소유한 사람들을 무턱대고 비난하기도 했다.

최소한의 물건으로 사는 방식이 자신의 삶에 정확히 부합한다면 그보다 담백하고 소박할 수는 없을 것이다. 하지만 편안하게 책을 읽기 위해 기대어 앉을 푹신한 안락의자나 취미생활을 위한 자잘한 물건 하나 없는 텅 빈 집이 과연 평온한 안식처가 되어줄 수 있을지는 의구심이 든다. 집이란 내 몸을 편안히 쉬게 해주는 공간이기도 하지만 나만의 취미를 사부작거리며 즐길 수 있는 놀이터이자 또 다른 일터이기도 한데 말이다.

자신의 가치관을 정립하지 못하고 분위기에 편승해 무조건 물건을 내다 버린 경우, 마치 다이어트에 요요현상이 찾아오듯 버린 물건보다 더 많은 물건으로 다시 집을 채우는 것이 다반사다. 자신에게 정말 필요한 것과 필요하지 않은 것이 무엇인지에 관한 고민이 우선시되지 않고 과시적으로 소유하는 것이나 과시적으로 비우려는 경우 모두 행복을 위해 시작했던 본래의 목적과는 달리 행복함이 아닌 공허함과 빈곤감을 느끼게 한다는 점에서는 같은 결과를 보여준다.

소유한 물건의 개수는 많건 적건 우리의 궁극적인 행복에는 별다른 역할을 하지 못한다. 마찬가지로 소유한 물건의 가격 또한 행복과는 직접적인 연관이 없다. 중요한 것은 소유물의 양이나 가격과 상관없이 그 물건이 각자의 삶이 지향하는 바에 얼마나 적확하게 어우러지는지, 얼마나 유용하게 사용되며 얼마나 삶을 즐겁게 하는가다.

삶을 살찌우는 체험적 소유의 기쁨

문화 예측 전문가 제임스 월먼은 저서 『과소유 증후군』에서 물건의 많고 적음이나 재화의 가격을 통한 과시가 목적이 아닌, 물건 자체를 충만히 사용하고 즐기려는 소유 형태를 '체험적 소유'라 정의 내린다. 체험적 소유의 삶을 지향하는 이들은 일상에서 꼭 필요한 물건이라면 가격과 개수에 상관하지 않고 얼마든지 소유하지만, 그 물질 자체를 통해 의미나 행복을 좇지 않는다. 그들이 그 물건을 사는 이유는 유명 브랜드를 열망하기 때문도 아니요, 물건을 손에 넣어 행복을 느끼기 위함도 아니다. 삶을 살찌우는 '체험'을 경험하기 위해서다.

수백만 원을 호가하는 핸드백을 소유하고 있지만 옷장 선반에 전시용으로 놓아둔 채 사용하지 않는다면 그건 그저 불필요한 사치의 기록으로만 남을 것이다. 하지만 그 가방이 물건을 효율적으로 수납하는 용도로 충분한 실용적 가치를 발하며 소중히 관리해 오랫동안 애용하고 있다면, 그건 사치가 아닌 체험적 소유라 할 수 있다.

반면 저렴하다는 이유로, 유행하는 품목이라서 자신의 필요와는 상관없이 색깔별로 몇 개씩 사들인 후 옷장 속에 처박아둔 옷과 액세서리는 절약적인 소비와는 거리가 먼데다 체험의 즐거움과 행복마저도 주지 못한 불필요한 물질적 소유로 남는다.

우리가 좋은 브랜드를 선호하고 소유하길 원하는 이유는 그 브랜드가 가진 가치와 상징성을 가짐으로써 만족감을 얻기 때문이다. 하지만 소유한 물건과 그 물건의 브랜드가 진정으로 가치를 발하는 순간은 상품의 로고가 선명하게 보이는 순간이 아니라, 그 물건이 지향하는 방향성과 기능을 충분히 체험하고 균형 잡힌 내면에 집중하며 살아가는 순간이다.

우리가 소유한 물건들은 누구에게 보이기 위해서 구매하는 것이 아니며 감상하듯 거리를 두고 바라보는 전시물도 아니다. 각자의 삶을 더 풍요롭게 살기 위해 충실하고 유용하

게 사용하는 보조제일 뿐이다. 그러므로 소유하기 이전에 나 자신의 성향과 취향, 가치관이라는 내면적 측면을 충분히 성찰하고 제대로 인지해야 한다. 그런 성찰을 통해 체험적 소유와 물질적 소유를 명확히 구분할 수 있다.

필요와 불필요를 분리할 줄 알며 자신의 객관적 현실과 욕구 사이의 격차를 본능적으로 파악하는 것, 욕구를 통제하면서도 별 노력 없이 편안하고 행복한 상태를 유지하는 것이야말로 미니멀리스트들이 종교처럼 생각했던 바로 그 '간소한 삶'이자 생텍쥐페리가 이야기하는 '완벽함'이다. 애쓰지 않아도 군더더기 없이 정갈한 마음 상태와 외부의 유혹에 휩쓸리지 않는 단단한 자아를 늘 유지하며 살아갈 수 있는 마음의 근육과 같은 의미 말이다.

평생 가족을 위해 요리해 온 어머니들은 정확한 레시피 없이 '적당량'이라는 두루뭉술한 계량에 의존한다. 그럼에도 귀신같이 간이 딱 맞는 완벽한 음식을 만들어내는 걸 종종 목격한다. 오랜 세월 소금을 너무 많이 넣거나 너무 적게 넣어 때로는 짜고 때로는 싱거운 음식을 만들어 오면서 지나치지도 덜하지도 않은 가장 적당한 맛을 본능적으로 체득했기 때문이다. 그렇게 완성한 음식은 마치 고유한 브랜드처럼 한 입 맛보았을 때 누구든 '아, 이건 그 사람의 음식이야'라고 알아차릴 수 있는 자기만의 맛과 향을 가진다.

세상에 존재하는 모든 이의 삶의 방식과 모습은 어느 하나 똑같은 경우가 없다. 당연히 간소한 삶의 형태도, 완벽한 집의 상태도, 가장 만족스러운 일상의 모습도 개인마다 다르다. 다수의 사람에게 호평을 받지만 특별할 것 없는 보편적인 프랜차이즈 같은 삶보다 딱 맞는 간을 찾아 자기 삶을 가장 맛있게 요리하는 작지만 개성 넘치는 1인 브랜드로 가꿔 간다면 우리가 살아가는 세상은 훨씬 더 다양하고 재미있으며 활력 있는 사회가 될 것이다.

아버지의 유품

욕망이 작으면 작을수록
인생은 행복하다.

◆

톨스토이

환갑을 맞던 해에 세상을 떠난 나의 아버지는 살아생전에 은퇴 이후의 계획에 관해 종종 말씀하셨다. 아버지는 대기업에서 오랫동안 임원으로 일했고 그 자리에 오르기 위해, 그리고 그 자리를 지키기 위해 과로로 여러 차례 쓰러졌을 만큼 치열하게 살아온 분이었다. 마침내 원하는 위치에 오른 이후에는 당신이 꿈꾸었던 여가와 고급스러운 재화를 원하는 만큼 누리고 싶어 했고 가족을 위해서도 물질적이고 정신적인 지원을 아끼지 않았다.

　그랬던 아버지가 노년에 접어들면서부터는 그전까지의 삶과는 조금 다른 가치로 계획의 방향을 돌렸다.

　우선 은퇴 후 바로 요리학원 수업을 수강해 가족들을 위해 분주했던 엄마를 대신해 당신이 요리를 담당하겠다는 포부를 밝혔다. 주변의 어려운 이들을 위해 직접 발로 뛰는 봉사활동을 하겠다는 계획도 있었다. 마지막으로 점점 문제가 심각해지고 있는 지구의 환경을 위해 노력하는 삶을 살고 싶다고 늘 말씀하셨다.

아버지는 환경에 관심이 많았다. 음식점에서 식사할 때면 불필요한 반찬은 받지 않으려 했고, 추가로 반찬을 제공해 주는 서비스도 꼭 필요한 경우가 아니면 거절했다. 비닐과 포장 용기 같은 일회용품의 사용을 지양하는 생활도 꾸준히 실천했다. 요즘처럼 환경 문제가 심각하게 대두되지 않았던 시절이었음에도 아버지는 환경보호를 위한 삶을 실천하고 있었다.

이런 아버지의 노력은 의류를 소비하는 생활에서 가장 두드러지게 나타났다. 의류를 생산하고 수출하는 회사의 계열사에서 일했던 터라 아버지는 옷에 관심이 많았다. 찢어지게 가난한 집 홀어머니의 차남으로 자라면서 멋과 사치와는 거리가 먼 삶을 살았기에 좋은 의복에 대한 욕구가 컸을 것이다. 어쩌면 어린 시절의 기억 때문에 원하던 것을 충분히 누릴 수 있는 위치에 오른 후에는 꿈꾸던 것을 한풀이하듯 실현하려 했을지도 모른다.

아버지의 소유 원칙

아버지는 가족의 옷을 살 때도 늘 적극적으로 옷을 골라주고, 좋은 옷을 사주는 데 돈을 아끼지 않았다. 하지만 옷과 장신구에 크게 관심이 없는 식구들과 달리, 직업과 직책 때문에도 차림새에 민감할 수밖에 없던 아버지는 자신을 위한 옷을 더 자주 구매했다. 한창 대외 활동을 하던 시절에는 엄마보다 아버지의 옷이 훨씬 더 많았다.

하지만 환경에 관심을 가지게 된 이후 아버지의 의류 소비 패턴에는 많은 변화가 일어났다. 의복의 구매 빈도와 개수 자체가 감소한 건 물론이고 더 큰 변화는 구매하는 옷의 품목과 질에서 보였다.

사계절 입는 셔츠 종류는 이미 차고 넘쳤던 터라 자주 입는 것만 남겨두고 모두 처분했다. 겨울에 입는 코트나 스웨터는 따뜻하고 가벼운 소재로 꼭 필요한 것만 소량 소유하되 최대한 품질 좋은 것으로 구매했고, 출근할 때 신는 구두 또한 착화감이 편한 제품 두세 켤레만 갖추었다.

아버지가 물건을 선택할 때는 굳이 값비싼 브랜드를 고집

한 건 아니었다. 다만 의류와 섬유를 취급하는 일을 하며 제품의 질을 보는 안목이 까다로웠기에 매장에서 직접 보고 만져보며 소재와 촉감, 착용감을 꼼꼼히 따져보고 최대한 오래 입을 수 있는 것을 신중히 선택했다. 그리고 요란하게 브랜드 로고가 박힌 것보다 차분하고 조용한 분위기를 자아내는 것을 골랐다.

물론 소재가 좋고 품질이 훌륭한 것들이었기에 상대적으로 고가의 물건인 경우가 많았지만, 투자할 만한 가치를 지닌 것을 최소한의 개수로 갖추자는 것이 아버지의 생각이었다.

아버지는 좋은 품질의 물건을 최대한 자주 사용하면서도 평생 쓰고 대물림까지 할 생각으로 더더욱 깔끔하고 정갈하게 관리하며 소중히 여겼다. 비싼 값을 치르지만 정성 들여 관리하고 오래도록 사용해 가며 대를 이어 사용한다면 오히려 그것이 절약이라고, 버리는 일이 줄어드니 환경에도 도움이 될 거라는 생각이었다.

그 물건들을 착용하고 출근할 때의 아버지 표정을 지금도 잊을 수가 없다.

"이야, 이 코트는 정말 따뜻하고 가벼워. 입을 때마다 마음이 푸근해진다니까."

"이 구두는 너무 편해서 안 신은 것 같다. 어찌나 잘 만들었는지 평생 닳지 않게 관리하며 신어야겠어."

마치 새 학기가 되어 갖고 싶었던 가방을 맨 아이처럼 만족스러움에 들떠 있는 아버지의 표정에는 순수함과 온화함, 발랄함이 동시에 묻어나왔다.

그 모습을 보면서 몸에 흐르는 듯 잘 맞고 윤기 흐르는 멋진 코트를 입고 잘 손질해 반짝반짝 빛나는 구두를 신은 아버지에게서 온화하고 고급스러운 아우라가 뿜어져 나오는 건 값진 물건을 몸에 감았기 때문이 아니라는 것을 알았다. 오히려 의복의 소유에 대한 단순한 가치관과 소유물을 다루는 정갈한 마음가짐, 더 나아가 올바른 소유의 실천을 통해 환경까지 돌보려는 신념, 무엇보다 인생을 값지게 일군 세월이 그대로 엿보이는 아버지만의 분위기가 가치 있는 옷을 더욱 가치 있게 보이게 하는 것은 아닐까 싶었다.

나의 비우는 습관

아쉽게도 그렇게도 아끼며 좋아했던 코트와 구두를 1년 밖에 착용하지 못하고 아버지는 세상과 작별했다. 장례를 치른 후 생전의 유품을 정리하며 예상했던 것보다 훨씬 더 간소한 아버지의 옷장을 보고 놀랐다. 버려야 할 만큼 낡거나 불필요한 물건이 거의 없었고 누구에게든 물려줄 수 있을 만한 물건들만 정갈하게 걸려 있었다.

그렇게 남겨진 옷 대부분은 친지들에게 나눠드렸고, 아버지가 가장 아끼셨던 코트와 구두는 아버지와 체형이 비슷한 남편이 물려받아 지금껏 소중히 입고 있다. '대를 물려 입는 옷'의 가치를 그대로 입증한 셈이다.

아버지의 유품을 하나하나 살피며 정리하는 동안 버릴 것을 만들지 않고 가치 있는 것만 남겨 최대한 간결하게 소유하는 노년을 보내고 싶다는 바람과 계획을 아버지가 얼마나 충실히 실천했는지 실감할 수 있었다.

옷장은 간결했고 환경에 해가 덜 되는 천연 소재의 옷이 대부분이었다. 비록 멋내기와 옷에 관한 관심은 아버지와 나

사이에 제법 격차가 있었지만, 아버지가 유산으로 남겨준 소유와 소비에 대한 가치관은 내게 고스란히 대물림되었다. 그리고 물려받은 가치관은 아버지가 그러했듯 자연스럽게 환경에 관한 관심으로 이어졌다.

어느덧 중년의 한가운데에 와 있는 지금, 내 옷장을 들여다보고 있으면 유품을 정리하며 마주했던 아버지의 옷장과 무척 닮아 있음을 느낀다. 30~40대에 유지했던 '사계절 외출복 30벌만 소유하기'에 대한 강박에서는 조금 유연해졌다. 그때보다 옷의 개수는 늘어났지만, 생활 방식과 활동 반경에 변화가 생기면서 유동적으로 변화했을 뿐 여전히 자주 손이 가는 것들만 걸려 있다. 그렇다고 선반이 빈틈없이 옷으로 가득 차 있는 건 아니다. 여전히 옷장 속은 여유롭다.

과거와 다른 점이라면 지나치게 엄격하게 옷과 신발의 개수를 제한하거나 옷장 속 공간을 텅 비어 보이게 만드는 데 집착하지 않는다는 점이다.

비슷한 종류의 옷을 불필요하게 여러 개 소유하지 않는다는 원칙과 새 옷을 구매하기 전에 내가 가진 옷과 무리 없이 맞춰 입을 수 있는지 여부를 충분히 고민하고, 새로 구매하면 비슷한 옷 하나는 비우는 습관은 여전히 유지하고 있다. 더 이상 옷의 개수가 의복 소유의 가장 중요한 관심 분야는 아니다.

가을, 겨울 외출복이나 니트류 등 소재가 중요해 상대적으로 가격대가 높은 옷은 같은 종류나 용도로 여러 벌을 갖추기보다는 정말 잘 어울리고 착용감이 좋아 오래도록 자주 손이 갈 만한 것으로만 갖고 있다.

좋은 코트와 신발을 착용할 때마다 어린아이처럼 신나 했던 아버지를 떠올리며 입고 신었을 때마다 나를 기분 좋게 해주고, 계절마다 그 분위기를 충분히 느끼게 해주며, 무엇보다 가치관을 있는 그대로 드러내 주는 나와 닮은 옷이라면 때로는 지출을 감수하고 구매하기도 한다. 그렇게 옷장을 채운 옷은 정리수납 전문가 곤도 마리에의 말처럼 설렘을 주는 것까지는 아니더라도 기능적으로도 정서적으로도 몸에 닿을 때마다 만족감을 느끼게 한다.

그렇게 신중히 골라 기분 좋게 자주 입는 옷들은 보풀이 일어나면 정성껏 제거하고, 주름이 생기면 말끔하게 펴주며, 얼룩이 묻으면 깨끗이 제거해 가면서 최대한 오래 입기 위해 정성을 들인다. 질리거나 낡았다는 이유로 옷을 자주 구입하면 옷뿐만 아니라 돈과 시간까지 낭비하게 된다. 인터넷 쇼핑몰을 한없이 뒤지며 삶을 낭비하기보다 갖고 있는 옷의 얼룩과 보풀을 제거하고 잘 다리고 보관해 오래 입는 것이 모든 측면에서 이득이다.

유행을 따라 산 옷 여러 벌을 몇 년도 채 입지 못하고 버리기보다 늘 만족하며 입을 수 있는 좋은 옷 하나를 적어도 10년, 20년 동안 애용하는 게 내 삶은 물론 더 나아가 환경에도 도움이 된다. 이른바 물질 자체의 소유보다 체험을 위한 소유에 중점을 두게 된 것이다.

그러다 보니 상대적으로 가격이 높은 경우도 있지만 그렇다고 브랜드의 이름값이 구입의 고려 대상이 된 적은 없다. 누구나 열망하는 로고로 나 자신을 과시하기보다는 옷 자체가 가진 분위기와 질, 무엇보다 나의 취향과 가치관과 어우러져 서로 조화를 이루는가가 구입의 가장 중요한 요인이다.

하지만 소유에 대한 나름의 신념을 굳건하게 지키고 싶어도 그 마음을 흔들고 무너뜨리려는 유혹이 너무도 많은 세상이다. 패션을 다루는 유튜버들은 매 시즌마다 유행 상품과 유행이 지난 상품을 이야기한다. 세일 기간이 되면 SPA 브랜드에서 꼭 사야 하는 아이템을 추천하고, 때로는 살면서 꼭 갖춰야 한다는 명품 브랜드 아이템을 소개한다. 그런 영상을 시청하다 보면 나만 세상에 뒤처지는 건 아닌가, 반짝반짝 윤이 나는 세상의 수준과 어느 정도 맞춰야 하는 건 아닌가 하는 조바심이 들기도 한다.

그들이 구매를 부추기는 패스트 패션은 해당 시즌의 유행을 가장 빠르고 정확하게 반영하면서도 그 유행의 원조인 하이엔드 브랜드의 몇십 분의 일에서 몇백 분의 일밖에 되지 않는 저렴한 가격에 의류를 판매한다. 부담 없는 가격에 유행을 충실히 따를 수 있는 디자인인 만큼 시즌마다 엄청난 판매량을 기록하지만, 이들 중 절반 이상은 열 번도 채 입지도 않은 채 저개발국가의 쓰레기 매립지로 직행한다.

저렴한 가격에 유행 품목을 획득했다는 생각에 지출에 대한 양심의 가책은 줄지만, 저렴한 물건인 만큼 버릴 때도 마음의 가책이 절반으로 줄어든다. '어차피 싸게 샀으니 한 철 잘 입은 걸로 제값을 치른 거야'라는 생각에 쉽게 버릴 수 있는 것이다. 하지만 그와 함께 환경 양심도 실종한다. 가책

없이 버린 화학물질로 가득한 의류 쓰레기는 하나씩 쌓여가며 결국 어마어마한 양의 탄소를 배출하고 있다.

옷장 속 고가의 쓰레기

명품 시장도 별반 다르지 않다. 이들 브랜드는 유행을 창조하고 한 시즌이 끝나면 곧바로 새로운 유행을 제시한다. 스스로가 만든 유행을 삭제하며 새로운 소비를 부추기는 방식으로 시장을 키우는 것이다.

자신이 가진 분위기나 취향과는 상관없이 모두가 선망한다는 이유로, 혹은 꼭 사야 한다는 유튜버들의 추천으로 무분별하게 구매한 명품은 제대로 착용해 보지도 않은 채 옷장 속에만 자리 잡은 고가의 쓰레기가 된다. 패스트 패션과는 달리, 엄청난 지출을 감수했기에 쉽게 버리지도 못하고 볼 때마다 마음의 가책에 쓰리고 불편한 속도 달래야 한다.

지출과 환경에 대한 양심에서 떳떳해지기 위해서는 소유의 여부를 결정하기 전에 상당한 숙고와 성찰의 시간이 필요하다. 우리의 소유는 단순한 소유가 아닌, 스스로에 대해 성찰하고 파악해 나 자신과 더욱 친해지기 위한 과정이기 때문이다.

나 자신과의 관계를 두터이 쌓아 자아가 확고하게 성립된 사람이라면 물건을 소유하고 사용하는 데 있어서도 외부의 유혹에 무심함이라는 맷집을 키울 수 있다. 그런 사람은 자신의 소비에 가책과 후회를 남기지 않고 오래도록 관리하며 신념이 묻은 가치 있는 소유를 지속할 수 있는 것이다.

비단 의복만이 아니다. 단단한 자아와 잘 정리된 가치관을 바탕으로 신중히 선택하고 소중히 관리하며 사용해 온 물건들은 손때를 묻히고 우리의 이야기를 담아가는 가운데 함께 나이 든다. 처음에는 그 브랜드의 가치관과 분위기로 무장했던 물건들이라도 세월이 지남에 따라 '나'라는 브랜드의 고유함이 각인된 유일하고도 고풍스럽고 아름다운 빈티지로 거듭난다.

나의 삶은 내가 걸치고 사용하는 물건들의 이름값과 외형적 아름다움으로 포장되는 게 아니다. 각자가 자기만의 인생을 단아하고 정갈하게 기록하는 가운데 자연스럽게 발현한 고유의 향기가 소유한 물건에 깃들었을 때, 물건도 그것을 소유한 사람도 아름답게 빛날 수 있다. 그리고 자신에게는 간소하면서도 충분히 풍요로운 삶을, 지구와 환경에는 작지만 가치 있는 행동이라는 근사한 선물을 건넬 수 있을 것이다.

전혀 입을 일이 없고 필요하지도 않으면서 유일하게 내 옷장 속에 고이 모셔둔 옷 한 벌이 있다. 바로 아버지가 "내 몸과 한 몸 같다"라며 거의 30년이 넘는 세월 동안 늘 집에서 입고 있던 자주색 트레이닝 세트다. 실용성의 측면에서는 굳이 소유할 이유가 없는 물건이지만, 여전히 좀먹지는 않을까 주기적으로 좀약을 교체해 주고 가끔 꺼내 바람도 쐬게 해 주며 소중히 보관하고 있다.

아버지가 가장 오래 소유했고, 라벨은 이미 닳아 브랜드마저도 희미해졌으며 딱히 질이 훌륭하지도 않은 실내복이지만 아버지가 세상을 떠난 지 20년이 넘은 지금까지도 '내 아버지'라는 이름을 하나의 브랜드처럼 떠올리게 하는 낡은 옷을 꺼내 보며 옷장 속을 한 번씩 점검한다.

그리고 중년을 지나 노년에 접어든 이후의 삶에 대해 생각해 본다. 소탈하고도 품격 있는 아우라가 느껴졌던 아버지의 환갑 무렵과 많이 닮은 모습으로, 아니 닮은 듯하면서도 고유한 나만의 분위기를 정착시켜 살아가고 싶다고 말이다.

아직도 타인의 시선에
갇혀 산다면

진정한 부란
대단한 것을 소유하는 것이 아니라
원하는 것이 적은 것이다.

◆

에픽테토스

문득 그런 생각이 들었다. 왜 나는 특정 브랜드를 열망하는 인간의 심리나 세속적 욕구에 쉬이 공감하거나 이해하지 못하는 걸까. 조금 더 나아가 인간의 외형적 조건에 대한 욕망, 혹은 재화 등의 욕망에 휘둘리기보다 내면에 집중할 수 있게 해주는 나만의 원천은 무엇이 있는지 반추하게 되었다.

물건을 소유하는 데 있어 브랜드에 집착하지 않는 가장 중요한 첫걸음은 필요에 대한 개념과 필요와 잉여를 구분하는 타협의 선을 정립하는 일일 듯하다.

나의 경우 필요를 결정짓는 요소는 실생활에서 늘 사용하는지의 여부다. 물론 '늘'이라는 개념에도 주관성이 존재한다. 매일이 될 수도 있고 일주일에 한 번, 혹은 특정한 계절에 사용하지만 그 시기에는 매일 사용하다시피 하는 물건도 있기 때문이다. 내 관점에서의 필요는 엄격한 사용 빈도보다는 나의 삶을 편하고 여유롭게 하는 데 꼭 필요한가의 여부다. 또 한 가지, 관리하기에 번거로움과 어려움 없이 마음 편히 쓸 수 있는 것을 의미한다.

주기적으로 삶을 점검하는 일

절대 없으면 안 되는 생필품이나 먹고사는 데 늘 손이 가는 주방 도구와 같은 일상 도구는 각자의 역할에 따라 하나씩만 있어도 필요에는 별다른 문제가 없다.

하지만 옷과 가방 등 실용과 스타일이 공존하는 물건은 품목별 한 개라는 규칙을 지키기가 어렵다. 상황과 장소에 따라 셔츠나 바지도 다른 종류로 갖춰야 하며, 신발 또한 편한 것과 다소 불편해도 격식 있는 것이 필요하기 때문이다.

그래서 의복과 액세서리를 제대로 소유하기 위해서는 더욱 생활 패턴과 삶의 반경을 정확히 파악하고 있어야 한다. 집에 있는 시간이 많은지, 직업군이 무엇인지, 차려입어야 하는 경우가 많은지, 그냥 나들이하러 나가는 경우가 많은지를 파악하면 자신에게 정말 필요한 것이 무엇인지를 가늠할 수 있게 된다.

주기적으로 자신의 생활을 점검하는 작업은 단순히 물건을 점검하는 데 그치지 않고 자신의 취향까지 알게 해준다. 무언가를 구매했을 때 어떤 부분에 불필요한 욕구를 느꼈으며, 그 집착의 원천이 무엇인지 돌아볼 기회를 제공하기에 삶을 절제하고 반성하는 데 무척이나 중요하다.

잉여나 사치의 선을 넘지 않고 내 삶을 풍요롭게 해주는 물건을 소유해야 한다는 원칙을 세우고 살다 보니, 오래 사용 가능하면서도 기능도 가치도 그리고 미감도 내게 만족감을 주는 양질의 물건을 선택해야 한다는 생각이 든다.

그러다 보면 어쩔 수 없이 가격대가 높은 경우가 많을 수밖에 없는 것도 사실이다. 모든 경우에 해당하는 건 아니지만 가격이 높아질수록 소재와 재료, 공임과 기술이 좋아지기 때문이다. 그래서인지 내가 가진 물건들을 하나하나 살피다 보면 유명 브랜드의 물건도 다수 눈에 띈다.

그렇다고 해서 물건을 구매하기도 전에 브랜드를 먼저 정해둔 적은 없다. 트렌치코트 하면 버버리, 따뜻한 겨울 신발하면 어그를 떠올리듯 품목에 따라 그것을 대표하는 브랜드가 있지만 무한 경쟁의 시장에서는 모든 제조사가 브랜드를 정착시키기 위해 사활을 걸고 있기에 편견을 버리고 살펴보면 질적으로든 가격적으로든 충분히 경쟁력 있는 썩 괜찮은 물건들이 너무나 많기 때문이다.

발품과 손품이 많이 들어가는 작업이지만, 나는 브랜드에 구애받지 않고 최대한 많은 곳을 돌아다니면서 만져보고 관찰하며 시장 조사를 하는 과정 자체를 즐기는 편이다. 그런 후에 충분히 숙고해 결정한 물건에 대해서는 후회하지 않고, 대단한 브랜드가 아니더라도 나에게 꼭 필요한 좋은 물건을 소유하게 되었기에 만족도는 높을 수밖에 없다.

연말이 되면 꼭 하는 연말 결산 중 하나가 필요한 물건의 목록을 작성하는 것이다. 집 안을 둘러본 후 낡아서 교체해야 할 것, 새로 들여야 할 것 등을 파악해 목록을 작성한 다음 예산을 잡고 딱 그만큼의 여유자금을 소비 통장에 넣어둔다.

물건에 따라 어떤 건 값을 치르더라도 구매해야 할 게 있고, 꼭 사야 하는 물건이지만 딱히 가격대가 높지 않아도 되는 것들이 있으므로 자금을 조절해 가며 필요할 때마다 하나씩 물건을 들이며 목록을 지워나간다. 그러면 불필요하게 소비하거나 턱없이 고가의 물건에 집착하지 않거니와 그에 따른 만족감도 상당히 크다. 또한 자연스럽게 브랜드보다 나의 생활과 물건의 질 자체에 더 집중하게 된다.

혹자는 이렇게 질문할 수도 있다. "그러면 충동구매를 한 적이 한 번도 없나?" 구매 목록에 적혀 있지 않지만 쇼핑하다 우연히 눈에 띄어 구매한 물건도 당연히 있다. 하지만 그런 것들도 온라인 쇼핑몰이라면 장바구니에 넣어두고 상당한 시간이 지날 때까지 지켜본 후 결정한다.

백화점에서 눈을 사로잡아 격렬하게 구매욕이 샘솟아 오른 것이 있었다면 역시나 실용성이나 내 생활에 어우러지는지를 충분히 고민해서 결정한다. 그렇게 예정에 없던 소비를 했다면 미리 적어둔 구매 목록의 품목 중 가장 급하지 않은 것 하나를 지운다. 무언가 하나를 지우지 않으면 예산을 초과하기 때문이다.

내게는 충분히 좋은 것

근래 들어 과시보다 실용성에 더욱 집중할 수밖에 없게 되는 새로운 이유가 생겼는데 바로 '나이'다. 나이가 들면서 신체 기능은 점점 저하되고 그에 따라 내려놓아야 하는 것이 점점 늘어남을 깨닫게 된 것이다.

예전에 한 살림 인플루언서가 엄청나게 무거운 무쇠 냄비 여러 개를 보여주며 음식 맛이 확실히 다르기에 손목이 부러지는 한이 있더라도 이 무쇠 냄비를 사용한다고 써놓은 걸 본 적이 있다. 글쎄, 엄청나게 예민한 미각을 가졌으면 모를까 나의 미각 수준으로는 무쇠 냄비나 그보다 훨씬 가벼운 냄비의 결과물에 큰 차이를 느끼지 못하기에, 내게는 점점 약해지는 손목을 보호하는 게 더 중요했다. 그래서 비싼 무쇠 냄비보다 저렴하고 가벼운 냄비가 낫다는 결론을 내렸다.

손목에 힘을 온전히 주지 못하다 보니 그릇을 깨는 일도 늘어났다. 고가의 그릇을 매일 사용한다면 깨질까 봐 무서워 사용이나 제대로 하겠는가. 마찬가지로 해마다 가격이 천정부지로 뛰어 샤테크로도 불린다는 그 유명한 샤넬 백이라도 무거운 체인 스트랩이 조만간 오십견으로 고생할 나의 어깨를 아프게 한다면 아무짝에도 쓸모없는 물건일 것이다.

결국 백화점 매장에서 물건에 매혹되기보다 내게는 충분히 좋은 물건이되 신체적 조건과 경제적 현실과 타협해 내 삶에 부합되는 걸 찾아내는 지혜와 시야를 갖게 된다는 건, 몸의 기능은 쇠퇴했지만 마음의 기능은 성숙해 가는 나이 듦이 주는 선물일지도 모른다.

유형의 재화뿐 아니라 무형의 욕구 또한 마찬가지다. 주변을 둘러보면 나이가 들어서도 여전히 타인의 시선에 갇혀 끝없이 자신의 모습에 결핍을 느끼는 이들을 보게 된다. 타인의 직업과 자신의 직업, 타인의 경제력과 자신의 경제력, 타인의 자녀와 자신의 자녀를 끊임없이 비교한다. 그 무의미한 저울질로 혼자 승리감과 열패감을 느끼면서 자신을 괴롭힌다. 이 또한 인생의 가장 중요한 가치를 여전히 외형에서 찾으면서 자기 삶 자체를 타인에게 보여주기 위한 하나의 브랜드처럼 치부하기 때문이다.

그런 삶에서는 만족이라는 것을 얻기 힘들다. 늘 불만족에 시달리는 삶은 피해의식과 열등감을 양산해 내며, 그것을 만회하기 위해 과시적 소비와 자기기만이라는 왜곡된 자의식을 만들어낼 뿐이다. 자기 선택과 의지에 따라 재단한 삶을 후회한다는 건 자기의 고유성에 대한 부정이며, 여태껏 열심히 일궈온 삶에 대한 무례함이다.

누구에게나 마음속에 무언가를 늘 원하고 떼쓰며 얻고 싶어 하는 아이와 현실에 경도되어 지나치게 자신을 통제하는 어른이 존재하게 마련이다. 내 안의 아이와 어른 모두를 살피며 그 속에서 부드러운 조율과 대화를 이끌어내는 과정이 필요하다.

결국 가장 중요한 건 삶을 사랑하고 존재에 대한 깊이 있는 갈망을 모든 욕망의 가장 앞에 세우는 것이다. 그런 과정을 통해 시시콜콜한 것에 연연해하지 않는 자아를 확립하게 되고 그걸 우리는 자존감이라 부른다.

오래 지속되는, 나에게 딱 맞아 오래도록 함께하는 물건을 향유하고 나만의 고유한 삶을 정립하려고 노력하다 보면 자연스럽게 본질적 질문과 가치관으로 시선이 옮겨간다. 누군가에게 보여지는 나의 모습보다 그저 내게 중요한 삶을 살아가는 것, 환경이나 나눔처럼 나 혼자만이 아니라 함께 잘 살기 위한 방법을 고민하게 된다.

환경에 해롭지 않게 최대한 간소하게 살아감으로써 버려질 물건을 최소화할 방법을 고민하고, 누구나 알고 있는 유명 브랜드의 물건이라도 내 삶에 필요한 것이 아니라면 그것이 비싼 쓰레기가 되지 않도록 필요로 하는 이들에게 나누는 방법을 고민하게 되는 것이다.

그런 고민의 비중이 내 삶의 지분에 확실하게 자리 잡으면 더 이상 이름과 이미지로 설명되는 과시적인 것에 대한 집착도 관심도 남지 않게 될 것이다. 오히려 그런 혜안을 획득한 사람은 자기뿐만 아니라 타인과 세상을 바라보는 시선 또한 편협하지 않고 보다 관대해질 것이며, 나이 들수록 세속적이기보다 더욱 순수해질 것이다.

100세 시대에 딱 절반의 세월을 살며 이제 막 생의 전환점을 돌게 된 지금, 나는 정말이지 '잘 보이는 삶'이 아니라 진정으로 '잘 사는 삶'을 살고 싶다.

상실을 받아들일 용기

욕구는 경제학이 관여하는 모든 미지의 것 중에서도
가장 끈질기게 알려지지 않은 것이다.

◆

『소비의 사회』, 장 보드리야르

나이가 들면서 얻는 것보다 잃는 것에 익숙해지곤 한다. 코로나가 창궐하며 전 세계가 암울하던 무렵, 나는 바이러스가 아닌 갑작스럽게 찾아온 탈모로 더욱 암울한 시간을 보냈다.

처음에는 정수리 부분의 탈모로 시작해 동전만 한 크기의 맨살이 동그랗게 드러나던 게 점차 다발성으로 번져 셀 수 없을 만큼 많은 크고 작은 탈모 자국이 머리 전체에 생긴 것이다.

처음에는 대수롭지 않게 여겼던 탈모가 생각보다 심각하게 진행되더니 결국 3년이라는 제법 긴 시간 동안 병원에 출근하다시피 들락거리며, 보기만 해도 겁이 나는 굵은 주삿바늘로 두피를 셀 수 없이 찌르는 치료를 견뎌야 했다. 머리 전체가 후끈거리고 욱신거리는 통증도 괴로웠지만, 나름 자부심을 가졌던 윤기 흐르는 풍성한 머리카락의 절반을 잃었다는 사실 자체가 거울을 볼 때마다 나를 고통스럽게 했다.

요즘도 머리를 쓸어 넘기면 머리카락 한 뭉치가 빠지는 악몽을 종종 꾸곤 한다. 고통에 몸부림치다 그것이 꿈이었음을 인지하는 순간 안도와 기쁨으로 온 마음을 다해 "감사합니다"라고 중얼거린다. 늘 당연하게 여겼던 것의 당연하지 않음, 그 당연함이 사실은 나라는 존재를 형성하는 데 너무나 중요했으며 그 자체로 감사한 것임을 일깨워준 경험이 되기도 했다.

처음에는 빈약해진 머리카락으로 볼품없게 변해버린 외모에 의기소침해져 외출도 꺼린 채 집에만 웅크리고 있었다. 그러다 점차 세상에서 유일하게 당연한 것은 여전히 숨 쉬고 있으며, 잘 살고 싶은 욕구를 잃지 않은 '지금 여기에 있는 나'라는 사실을 깨달았다. 극심했던 탈모는 거울에 비친 외형이 아닌 진정한 존재에 대해 더 많이 성찰하도록 도와주었고, 그런 고민을 바탕으로 책 한 권을 쓰는 데까지 도움을 주었다.

그렇게 출간한 책 덕분에 여러 기관에서 강연 의뢰가 들어왔다. 점차 내 모습에도 익숙해져서 채 자라지 않아 듬성듬성한 머리에도 아랑곳하지 않고 강연을 다닐 수 있게 되었다. 오히려 아픔의 경험은 꾸밈없이 진실한 강연을 할 수 있도록 이끌어주었다. 그렇다고 다시 탈모를 겪고 싶은 마음은 전혀 없지만 말이다.

대학원에서 만나 친하게 지내왔던 친구가 중년에 접어들 무렵 복부에 극심한 통증을 느껴 산부인과에 찾아갔다. 병원 진단은 생각지도 못했던 자궁근종이었다. 위치가 좋지 않고 크기가 커서 자궁을 적출하는 것 외에는 방법이 없다는 설명을 들었을 때만 해도 그녀는 그 말을 심각하게 받아들이지 않았다. 하지만 여러 산부인과에서 같은 진단을 받았고 대학병원에서 최종적으로 수술 날짜를 받은 후에는 많은 것을 내려놓아야 했다.

미혼이었던 그녀는 출산을 경험할 수 없다는 사실이 가장 내려놓기 힘든 부분이었다고 했다. 수술 직후 곧바로 멈춰버린 월경은 깊은 공허함을 주었다고도 했다. 신기하게도 한 달에 한 번 생리주기가 되면 아랫배에 통증이 느껴져 잊고 있던 상실을 주기적으로 인지하게 되면서 심적인 서글픔을 느낄 수밖에 없었다고 했다.

그녀는 한동안 상실의 우울함과 불안으로 고통스러운 시간을 보냈다. 하지만 이내 생각을 바꿔 장애가 있는 아이들을 보듬어주는 기관을 찾아 봉사활동을 시작했다. 그 친구는 아픔을 가진 사람들의 마음을 다독이며 이 세상에 자신이 존재하는 이유를 더욱 깊이 깨달았다고 한다. 상실을 경험한 대신 자신이 가장 잘할 수 있는 것, 자신의 정체성을 찾은 것이다.

사실 여성성이라 지칭됐던 여성기관의 상실은 모든 여성에게 찾아오는 운명이기도 하다. 갱년기와 완경을 겪고 나면 임신과 출산의 기능이 사라진다. 2차성징 이후 늘 함께했던 삶 전반이 끝난 듯한 상실감을 경험하는 동시에 복부와 허리둘레의 군살, 흰머리, 눈가와 입가의 잔주름, 불면과 열감 등의 증상은 원치 않는데도 악착같이 늘기만 한다.

이런 과정에서 오랫동안 익숙했던 몸과도 작별하게 된다. 탄력 있는 피부와 날씬하고 매끈한 실루엣, 무엇보다 젊은 날의 생기와 건강에 대한 욕심 또한 조금씩 내려놓게 된다.

갱년기라는 손님 맞기

나 또한 나이 오십, 지천명에 접어들면서 중년의 상실을 현실적으로 경험하게 되었다. 엄청난 더위와 함께 갱년기 증상이 귀신같이 찾아왔기 때문이다. 안 그래도 한여름이면 땀으로 범벅이 되는 체질인데 축축한 걸레처럼 땀으로 젖어버린 옷을 매일 빨아야 할 만큼 열과 땀이 많아졌고, 그로 인해 쉬이 몸이 지쳐버렸다.

끝없는 무기력과 피곤 때문에 계절마다 꼭 해야 할 살림을 리스트로 만들어가며 기계처럼 지켜왔던 규칙적인 생활과 한시도 쉬지 않고 사부작거렸던 일상도 포기해야 했다.

동시에 어릴 적에는 귀찮으리만큼 붙어 다녔던 아이는 사춘기가 되어 더 이상 엄마를 찾지 않게 되었다. 이제 엄마의 역할은 끼니를 챙기는 것 외에는 없는데, 그마저도 간단한 아침 식사만 후다닥 먹고 점심과 저녁까지 밖에서 해결하는 경우가 대부분이니 요리할 일도 줄어들었다.

자연스럽게 한창 때에는 눈을 반짝이며 관심을 가졌던 주방용품과 조리도구, 음식을 담을 예쁜 그릇도 굳이 구색을 맞춰 갖출 필요가 없어졌다. 이미 그런 물품에 대한 관심을 많이 내려놓았지만 말이다.

아무리 열심히 운동해도 어쩔 수 없이 늘어나는 군살과 눈가와 입가의 주름, 흰머리 같은 외형적 변화도 급격하게 일어났다. 그러다 보니 어차피 나이가 들어가며 체형도 변할 텐데 굳이 지금 내 몸에 딱 맞는 옷을 비싸게 구매해야 할까 하는 마음에 욕심도 내려놓게 되었다. 특히 실크 소재의 옷은 미련 없이 버려야 했다. 물 한 방울만 묻어도 그 모양 그대로 얼룩이 되는 소재이기에 땀이 잘 나는 내게는 아무리 비싸고 고급스러운 옷이라도 쓸모없는 물건이 되어버렸다.

늘어난 흰머리에 염색을 권유하는 이들도 종종 있지만, 탈모로 텅 비었던 빈자리를 메꿔준 고마운 흰머리에 손을 대기가 쉽지 않았다. 게다가 염색으로 두피가 자극받아 또다시 머리가 빠질까 봐 두려워 윤기 흐르는 흑발에 대한 욕심도 내려놓았다.

주름진 얼굴은 기초화장품으로 수분을 공급하는 것 외에 발그레한 볼과 빨간 입술을 만들어줄 색조 화장, 눈이 더 커 보이게 하는 아이라인도 포기했다. 검버섯이 생기고 푸석

해진 피부에 색조 화장을 더해봤자 피부를 더 상하게 만드는 자극제가 되기 때문이다.

상실을 성찰하기

이렇듯 갑작스럽게 찾아온 갱년기라는 손님은 수십 년간 유지하며 익숙해진 생활 패턴과 매일 거울을 통해 봐왔던 친밀한 나의 모습까지 모든 걸 한꺼번에, 그리고 갑작스럽게 가져가 버렸다. 훅 들어온 반갑지 않은 손님의 방문은 미처 예상치 못했던 것이기에 속수무책으로 당할 수밖에 없었다. 늘 계획과 준비를 통해 상황에 대처해 온 습관과 원칙도 함께 내려놓게 된 셈이다.

이러한 상실은 나이가 들어야만 경험하는 것은 아니다. 우리는 성장과 성숙을 거듭하면서 당연하게 생각해 왔던 것들을 포기하며 살아간다.

처음 세상에 나와 아무것도 정해지지 않은 백지의 상태일 때는 무엇이든 될 수 있고, 무엇이든 할 수 있는 가능성을 가진다고 믿는다. 그때는 이 세상에서 '나'라는 존재는 '모든 것'이기 때문이다.

그러다 서서히 각자가 갖고 태어난 고유의 성향과 능력, 환경이 가시화되면서 학창 시절에는 성적에 대한 욕심을 내려놓기도 하고 진로가 결정된 후에는 대통령과 미스코리아처럼 막연히 꿈꿨던 삶을 포기하고 현실의 삶을 살게 된다. 가정을 일구면 멋진 혼자만의 삶을 포기해야 하며, 영원할 것만 같던 인간관계를 정리해야 하기도 한다. 나이가 들면서는 신체적인 변화에 따라 당연했던 여러 가지 익숙함과도 거리를 두어야 한다.

생각해 보면 엄마의 배 속에서 자라던 아이가 세상에 나와 탯줄을 자르는 순간부터 우리는 평생토록 상실을 경험한다고 해야 할 것이다. 하지만 탯줄을 자르는 순간 가장 완벽하고 안전한 은신처를 상실함과 동시에 세상이라는 모든 걸 얻는 것처럼, 아이러니하게도 우리 인간은 다양한 상실의 과정을 통해 고유한 정체성을 획득해 나간다.

막연했던 것들이 분명해지고, 이곳저곳 마구 펼쳐졌던 갈래가 하나로 모인다. 환경과 현실의 제약이라는 반갑지 않은 손님과 부딪쳐야 하지만 그것에 대처하는 자세와 태도 또한 세상을 살아가는 각자만의 고유한 자아가 된다.

윤기 있는 머리카락을 잃으며 진정으로 윤택하게 가꿔야 하는 것이 무엇인지 생각하게 되고, 한때 여성의 상징이라 이름 붙은 것을 잃은 대신 인간으로 깊게 살아가는 방법을 성찰하며, 집안일을 일정 부분 내려놓음으로써 확보된 여유 시간을 더 충만히 보내는 법을 고민하게도 된다.

옷과 주방 도구를 비우며 물건이 아닌 그것을 걸치고 사용하는 나의 몸에 더 집중할 수 있게 되고 포기와 타협, 선택을 통해 도달한 지금 여기에서의 나의 일, 나의 취향, 나의 즐거움과 괴로움에 대해 오롯이 고민하게 된다. 결국 수많은 포기를 통해 우리는 세상에서 가장 값지고 고유한 '나'라는 브랜드를 스스로 재단하고 창조해 나가는 것이다.

가장 곱게 빛나는 커다란 열매 하나를 위해

예전에 한 토크쇼에서 어떤 분이 나와 액상 조미료를 개발했지만 초기 판매에 실패하고 다시 브랜드의 방향성을 조정하고 발전시킨 뒤 성공하기까지의 과정에 관해 이야기한 것을 본 기억이 난다. 수만 번의 시행착오 끝에 만든 조미료를 기대에 부풀어 출시했으나 판매실적은 기대에 비해 처참했다고 한다. 고민 끝에 깨달은 건 제품에 대한 자부심이 너무 컸던 탓으로 제품 포장에 너무 많은 아이덴티티를 부여했던 것이 실패의 요인이었다고 한다.

결국 이것저것 모두 과시하고 내세우고 싶었던 욕심을 버리고, 제품의 장점 중 가장 부각해야 할 특징 하나만 남겨 단순하고 명확한 정체성을 부여한 후에야 판매량이 급상승했다며 브랜드의 성공 비결을 밝혔다.

끝까지 안고 가고 싶은 것을 삶의 중간에서 버려야 하는 아픔과 무엇이 가장 중요한 것인지조차 알지 못해서 오는 혼란이 우리 삶에도 늘 존재한다. 하지만 나이 든다는 것은 과시를 위해 이것저것 살을 붙이는 게 아니라 진정한 성장을 위해 성찰하는 가운데 조금씩 내려놓는 지혜를 얻는 것이다.

중년의 시기를 '사추기思秋期'라고들 한다. 청소년기에 거치는 '사춘기思春期'처럼 정체성의 혼란을 경험하는 가운데 다시 한번 성숙하는 시기이기 때문일 것이다. 봄의 잡초와 건강한 작물이 한데 섞여 무엇을 솎아내야 할지 몰라 혼란을 느끼는 시기가 사춘기라면, 완연한 가을이 되어 나무에서 꽃이 진 자리에 맺은 열매 중 가장 빛깔 곱고 어여쁜 것을 더 잘 키우기 위해 나머지 열매를 버려야 하는 상실감과 어떤 열매를 남겨야 할지 몰라 혼란을 느끼는 시기가 사추기다.

내 삶에서 어떤 나무를 심고 어떤 열매를 키울지, 그 열매 중 어떤 것을 포기하고 어떤 것을 수확할지 결정하는 것은 오롯이 각자의 몫이다. 아마도 상상했던 것보다 훨씬 더 많은 상실과 포기의 아픔이 필연적으로 따를 지도 모른다. 하지만, 그 과정을 통해 훌륭히 잘 영글어 가장 곱게 빛나는 커다란 열매 하나를 수확해 나의 이름이 새겨진 도장을 찍는 순간, 나의 삶은 세상에 둘도 없는 브랜드로 세상에 가치 있게 자리매김할 수 있을 것이다.

모든 이는 태어나는 순간 평생 자신을 대표하는 이름 석자를 가진다. 그리고 모든 이름에는 인생의 지혜가 담겨 있다. 그 의미를 완벽히 따르지는 못하더라도 고유의 방식대로 그 의미를 해석하며 살아가는 가운데 자신의 이름값을 만들어나가는 것, 어쩌면 그것이 '나'라는 브랜드를 정립하는 방법이다. 나 또한 누구에게나 보편적으로 잘 알려져 있다는 '유명한'이 아니라, 한 분야에 대한 식견이 높으며 인격이 고매하다는 의미의 '고명한'처럼, 고매하고 품격 있게 영글어가는 진정한 1인 브랜드로 나이 들고 싶다.

> 에필로그

나라는 시행착오를 견뎌낼 힘

 출간에 대한 첫 미팅 후 글을 쓰기 시작한 지 1년 반 만에 비로소 책이 나오게 되었다. 그전에 나왔던 세 권의 책에 비해 상당히 오랜 시간이 걸렸다. 그만큼 글을 쓰면서 내 안에서 많은 불확실성과 고민을 안고 있었다는 의미다. 불확실성과 고민이라고 하면 거창한 고뇌에 빠진 것 같지만 사실은 어떻게든 혼자만의 시간을 갖기 위해 몸부림치는 한 인간으로서 살아가느라 바쁘고 분주하여 느꼈던 혼란이었다.

 현실의 삶에 떠밀려 정신없이 하루하루를 살아가는 가운데 오롯이 글에만 집중할 시간을 확보하고, 그 시간 동안 단 몇 줄이라도 의미 있는 문장을 만들기 위해 잡념 섞이지 않은 순도 높은 고민을 할 수 있는 건 쉬운 일은 아니었다. 그러다 보니 초반엔 글을 쓰면서도 이게 맞게 쓴 것인지, 과연 내 가치관이 내 눈앞에 있는 문장에 부합하고 있는지 스스로 확신하지 못했던 것 같다.

누군가의 시선이나 외면에 크게 의존하지 않는 삶을 지향하며 살아오긴 했지만 브랜드라는 개념과 학술 자료, 다양한 관념과 의미들, 경제와 사회, 심리학 지식을 다시 공부하고 내 나름의 관점을 정리하는 과정도 필요했다.

기억력과 학습 능력이 점점 저하되는 나이에 모르는 것을 새로이, 그것도 독학으로 공부하는 게 쉬운 일은 아니지만 나이가 들어서도 배우고 공부하고 다시금 내 생각을 정리하고 더 풍부하게 가치관을 만들어갈 기회가 주어진다는 건 정말 감사한 일이라는 생각이 들었다. 브랜드에 관한 공부를 하면서 이전에는 몰랐던 여러 분야의 다양한 브랜드를 새로이 알게 되었고 동시에 상당한 관심이 생겼다.

재미있는 건 이전엔 유명 브랜드에 아예 관심도 없었던 내가 오히려 책을 쓰면서 브랜드를 향한 관심이 지나치게 증폭되었고, 잠시나마 충동적으로 구매 욕구에 시달리는 웃지 못할 해프닝이 있었다는 점이다. 『브랜드 없는 삶』을 쓰면서 브랜드 제품의 구매욕에 시달리다니 얼마나 아이러니한 일인가. 너무나 다행스럽게도 그 충동은 이내 사그라들어 나의 지갑을 지킬 수 있었지만 말이다.

하지만 한창 브랜드에 대한 관심이 많을 나이가 된 아들과 대화할 소재가 늘었다는 건 나름의 수확이었다. 브랜드 마케팅을 공부하고 싶어 하는 아들과 브랜드에 무관심한 삶을 지향하는 엄마 사이에 대화의 폭과 깊이가 늘어 반박과 공감이 오가는 활발한 소통이 이루어졌다. 비록 과정은 힘들었을지언정 이런 기회가 아니었다면 어쩌면 불가능했을지도 모를 일이다.

재작년 초가을 무렵부터 집필을 시작한 후로 작년 여름에는 역대 최악의 더위로 손가락 까딱하는 것조차도 귀찮을 만큼의 무기력을 경험했고, 야금야금 찾아오는 갱년기 증상을 미약하게 느끼면서도 매일 욕심내지 않고 조금씩 문장을 늘려가는 가운데 혼란스러웠던 생각들이 슬슬 정리되었다. 그리고 결국 책을 완성했다.

세 번째 책 『나를 치유하는 부엌』이 코로나 시국에 갑작스럽게 찾아왔던 결핵과 탈모를 이겨내며 쓴 책이었다면, 이 책은 한국 나이 오십과 만 나이 오십이라는 문턱 두 개를 차례차례 넘어가며 쓴 책인 셈이다.

어떻게 계산해도 오십 줄을 넘긴 지금, 인생의 큰 전환점을 돌며 나에게 충실한 삶, 더 의미 있게 잘 사는 삶에 대해 거듭 고민하게 된다. 나이 들수록 불필요한 허물을 벗고 공고히 다져진 자아라는 골조에 맞춤복처럼 잘 맞는 옷을 입으며 충만한 삶을 살고 싶다는 바람이 더욱 커진다. 하지만 지천명이 되었어도 '하늘의 명령'은커녕 나 스스로에게 어떤 지침을 두고 살아야 할지 여전히 흔들리는 것이 지금의 현실이다.

다르게 생각한다면 "나이 들수록 사고가 경직되어 독단과 독선에 빠지는 게 두렵다"던 아버지의 말처럼 오히려 흔들리고 혼란스러운 가운데 계속적으로 사고의 경직됨을 경계하며 늘 내가 틀릴 수 있다는 유연성을 갖는 게 바람직할지도 모를 일이다. 자기다운 삶은 끊임없는 흔들리고 방황이라는 시행착오를 경험해야만 얻을 수 있는 게 아닐까 싶기도 하다.

그런 점에서 이 책을 만난 건 아직 정리되지 않은 책장 속 책을 너무도 적절한 시기에 정리하는 과정과도 같았다. 내 삶에 더 이상 부합하지 않는 책은 비우고 서로 연결되는 주제끼리 묶어 같은 곳에 함께 꽂아두고 그렇게 정리된 책들을 살피며 나라는 사람의 가치관을 다시금 살피고 정립하는 과정 말이다.

세상에는 누구에게나 알려진 대중적인 브랜드가 있는가 하면 아는 사람들은 소수지만 오래도록 애정을 주는 가치 있는 브랜드도 있다. 하지만 규모와 상관없이 가장 중요한 건 고유한 정체성이며 각자의 정체성과 가치에 부합하도록 끊임없이 노력하는 자세일 것이다. 그런 자세와 태도로 남은 내 인생의 후반전을 진정으로 의미 있게 보내며 '나'라는 존재를 스스로 규명하고 싶다.

쉰이 되고 보니 한 사람의 정체성이 만들어지는 건 혼자만의 노력으로만 가능한 게 아니라는 것 정도는 알게 된 듯하다. 그렇기에 나이 들수록 더욱 유연하고 겸손한 자세로 노력해야 한다는 걸 가르쳐 주신, 세상을 떠나신 지 스무 해가 된 지금까지도 여전히 살아 움직이는 가르침을 주신 그리운 아버지와 늘 스스로를 존중할 수 있도록 믿음을 주신 어머니, 그리고 내 존재의 또 다른 일부인 가족에게 감사한다.

세상의 다양성을 겸허히 받아들일 수 있게 해주고 다른 사고와 가치관을 나누고 공유하며 나로 하여금 더 좋은 사람이 되고 싶게 만드는 소중한 이들에게 사랑과 감사를 전한다.

참고문헌

『국부론』, 애덤 스미스 지음, 이종인 옮김, 현대지성, 2014.

『나는 왜 무기력을 되풀이하는가』, 에리히 프롬·라이너 풍크 지음, 장혜경 옮김, 나무생각, 2016.

『나이 들면 즐거운 일이 없을 줄 알았습니다』, 전윤정 지음, 세이지世利知, 2021.

『누가 내 지갑을 조종하는가』, 마틴 린드스트롬 지음, 박세연 옮김, 웅진지식하우스, 2012.

『단순하게 산다』, 샤를 베그네르 지음, 강주헌 옮김, 더좋은책, 2016.

『로빈슨 크루소의 사치 다시 읽기』, 박정자 지음, 기파랑, 2021.

『러셀의 행복론』, 버트런드 러셀 지음, 황문수 옮김, 문예출판사, 2001.

『마케팅 브레인』, 김지헌 지음, 갈매나무, 2021.

『모방의 법칙』, 가브리엘 타르드 지음, 이상률 옮김, 문예출판사, 2012.

『브랜드, 행동경제학을 만나다』, 곽준식 지음, 갈매나무, 2021.

『브랜드 심리학』, 우석봉 지음, 학지사, 2016.

『사랑의 기술』, 에리히 프롬 지음, 황문수 옮김, 문예출판사.

『사물들』, 조르주 페렉 지음, 김명숙 옮김, 웅진지식하우스, 2024.

『사회학의 문제들』, 피에르 부르디외 지음, 신미경 옮김, 동문선, 2004.

『소비의 사회』, 장 보드리야르 지음, 이상률 옮김, 문예출판사, 2015.

『소비의 심리학』, 로버트 B. 세틀 & 패멀라 L. 알렉 지음, 대홍기획 마케팅컨설팅그룹 옮김, 세종, 2021.

『소비중독 바이러스 어플루엔자』, 존 드 그라프, 데이비드 왠, 토머스 네일러 지음, 박응희 옮김, 나무처럼, 2010.

『소유냐 존재냐』, 에리히 프롬 지음, 차경아 옮김, 까치, 2020.

『쇼펜하우어 아포리즘』, 아르투어 쇼펜하우어 지음, 김욱 편역, 포레스트북스, 2023.

『아들러 인생 방법 심리학』, 알프레드 아들러 지음, 한성자 옮김, 동서문화사, 2023.

『아들러의 인간이해』, 알프레드 아들러 지음, 홍혜경 옮김, 을유문화사, 2020.

『아비투스』, 도리스 메르틴 지음, 배명자 옮김, 다산초당, 2023.

『우리는 여전히 삶을 사랑하는가』, 에리히 프롬 지음, 장혜경 옮김, 김영사, 2023.

『유한계급론』, 소스타인 베블런 지음, 박홍규 옮김, 문예출판사, 2019.

『유한계급론』, 소스타인 베블런 지음, 박종현 옮김, 휴머니스트, 2023.

『월든』, 헨리 데이비드 소로우 지음, 강승영 옮김, 이레, 2001.

『존재의 심리학』, 아브라함 H. 매슬로 지음, 정태연·노현정 옮김, 문예출판사, 2004.

『파리를 떠난 마카롱』, 기욤 에르네 지음, 권지현 옮김, 리더스북, 2010.

『행복의 기원』, 서은국 지음, 21세기 북스, 2023.

『헨리 데이비드 소로우의 산책』, 헨리 데이비드 소로우 지음, 박윤정 옮김, 양문, 2005.

『인정욕구』, 에노모토 히로아키 지음, 김지선 옮김, 피카, 2023.

『뇌, 욕망의 비밀을 풀다』, 한스 게오르크 호이젤 지음, 강영옥·김신종·한윤진 옮김, 비즈니스북스, 2019.

고명한 작가의 책

고명한 지음 | 값 15,000원

나를 치유하는 부엌

삶의 허기를 채우는 식탁 위 따뜻한 심리학

**"세상 일은 예측 불가잖아,
하지만 요리는 확실해서 좋아"
육개장을 끓이고 케이크를 만들며
부엌에서 다시 만난 심리학자들**

불안, 열등감, 양가감정, 권태, 자존감, 자기실현 등 살면서 마주하는 16가지 심리학 키워드를 식탁 위 음식으로 풀면서 일상 속 위기의 근원을 파악하고 정신적 허기를 치유하는 지혜를 전한다.
끊임없이 움직이는 역동적인 힐링의 장소 부엌에서 마음을 치유해준 음식과 함께 아들러와 매슬로, 버틀런드 러셀 등의 심리학자들의 처방, 그리고 익숙한 듯 조금은 남다른 저자만의 레시피를 담았다.

고명한 작가의 책

고명한 지음 | 값 13,500원

생활의 미학

비우며 발견하는 행복, 나와 친해지는 시간

"삶의 본질은 밖이 아닌
단순하고 반복적인 일상 안에서
스스로 찾는 것입니다."

안 입는 옷과 천을 잘라 키친타올 대신 쓰고, 장을 볼 때는 장바구니와 육류 보관통을 준비해 랩과 비닐 사용을 줄인다. 봄에는 오징어젓갈, 여름에는 토마토소스, 가을에는 사과파이, 겨울에는 찐빵을 만들어낸다. 봄에는 햇마늘을 말리고 여름에는 빗소리에 LP판을 걸며, 가을볕에 채소를 건조시키고 겨울에는 아날로그 난방으로 따뜻함을 즐기며 지혜로운 삶을 궁리하는 작가의 자연과 친해지고 일상에 윤을 내는 삶의 이야기.

세이지(世利知)출판사의 신간

그램 데이비 지음 | 값 18,800원

걱정이 많아 걱정입니다

삶을 소진시키는 습관에서 탈출하는 법

**"걱정은 유전이 아닌
평생에 걸쳐 만들진 습관입니다"**

**허지원 고려대학교 심리학부 교수
백영옥 소설가 강력 추천**

걱정과 불안을 비슷한 감정으로 뭉뚱그려 취급하던 시절인 1990년부터 걱정(worry) 연구를 시작해 30년 넘게 걱정과 불안(anxiety)에 관한 혁신적인 연구를 해온 세계적인 심리학자이자 서식스대학교 심리학 명예교수 그램 데이비가 걱정이 어떻게 탄생했으며 어떠한 기제로 우리를 고통에 빠뜨리는지 진지하지만 유머러스하게 밝힌다. 또 오랜 시간 형성된 걱정으로 앓는 습관에서 벗어나는 실용적인 훈련법도 소개한다.

세이지(半취知)출판사의 신간

이주량 지음 | 값 21,000원

당신이 모르는
진짜 농업 경제 이야기

기아와 미식 사이,
급변하는 세계 식량의 미래

마켓컬리 김슬아 대표
우석훈 경제학자
최연미 전 블루보틀 커피 CMO
이진우 삼프로TV 부대표
장태평 전 농림축산식품부 장관
강력 추천!

미식과 먹방의 시대지만 한국인이 가장 외면하는 산업, 농업. 가장 많이 먹고 싸게 먹고 멀리서 가져다 먹는 찰라의 해피타임 이후 인류는 무엇을 먹고 살까. 과학기술정책연구원 선임연구위원이자 농업 전문가인 이주량 박사가 농업이라는 먹거리 산업 이야기를 역사와 경제, 산업, 정책을 총망라해 재미있고 생생하게 풀어낸다.

브랜드 없는 삶

지은이	고명한
1판 1쇄 발행	2025년 4월 21일

펴낸이	이한나
편집	김민영
디자인	민혜원
일러스트	Meg
마케팅	최문섭
제작	류정옥
인쇄	두성P&L

펴낸곳	세이지(世利知)
등록	2016년 5월 16일 2016-000022호
대표전화	070-8115-3208
팩스	0303-3442-3208
메일	sage@booksage.co.kr
블로그	blog.naver.com/booksage
ISBN	979-11-89797-24-9 03100

이 책은 저작권법에 따라 보호받는 저작물이므로 무단 전재와 무단 복제를 금합니다.

이 책 내용의 일부를 인용하시려면 메일로 세이지(世利知)출판사의 허락을 구하셔야 합니다. 전부를 이용하려면 반드시 저작권자와 세이지(世利知)출판사의 서면 동의를 받아야 합니다.

책값은 뒤표지에 있습니다.

잘못된 책은 구입한 곳에서 바꾸어 드립니다.